200 respuestas para tener éxito
en las entrevistas de trabajo

Jean-Michel Azzi - François Caby

200 RESPUESTAS PARA TENER ÉXITO EN LAS ENTREVISTAS DE TRABAJO

dve
PUBLISHING

Traducción de África Rubiés Mirabet.

© Editorial De Vecchi, S. A. 2019
© [2019] Confidential Concepts International Ltd., Ireland
Subsidiary company of Confidential Concepts Inc, USA
ISBN: 978-1-64461-979-7

Índice

Introducción

Contexto y perspectivas económicas

Vivimos en un entorno bastante inestable en lo que al mundo laboral se refiere. Cambios como la rápida transformación de las profesiones, la reducción de los niveles de jerarquía, la precariedad del trabajo o el fin del empleo para toda la vida generan un doble temor: por un lado, el temor del empresario que se cuestiona la capacidad de cambio de sus empleados, y por otro, las dudas de estos acerca de las aptitudes de sus jefes para dirigir este cambio.

Desde enero de 1999, el euro es la moneda única oficial de once Estados de la Unión Europea. Los florines, francos, liras, marcos, pesetas, etc. que eran la moneda oficial en estos países anteriormente fueron sustituidos el 1 de enero de 2002 por una moneda única, el euro, en principio para siempre. Seis meses después de su creación, su caída frente al dólar parecía contradecir a aquellos que predecían que serviría para hacer un frente común a la crisis mundial.

Con respecto a esta crisis, hoy en día, todavía existen múltiples interrogantes:

— ¿Conocerá Wall Street un nuevo *crack* que arrastre consigo las bolsas europeas?
— ¿Habrá de nuevo inflación?
— ¿Podrá el sudeste asiático, especialmente Japón, volver a encontrar el camino del crecimiento?

9

— ¿Durará la nueva paz en los Balcanes y en Afganistán?
— ¿Cuánto tiempo y esfuerzos exigirá la reconstrucción y pacificación de Iraq?
— ¿Conseguirán Israel y sus vecinos vivir en armonía?
— ¿Qué consecuencias tendrá el aumento de los integrismos de todo tipo?
— ¿Están las democracias en peligro?

Todas estas incertidumbres, además de otras difundidas por los medios de comunicación, constituyen, muy a grandes rasgos, el telón de fondo del mundo en que vivimos.

Consecuencias en la vida profesional

Nuestra vida profesional se ve profundamente afectada por esta situación, puesto que todos nosotros podemos hallarnos en los próximos meses en la situación de tener que buscar trabajo sin haberlo deseado.

Sin caer en el pesimismo y pensar que todas las empresas un día u otro efectuarán despidos por motivos económicos, está claro que la probabilidad de que esto nos suceda alguna vez a lo largo de nuestra vida profesional es ahora mayor que en el pasado. La situación de tener que buscar empleo, aunque no deba interpretarse como un algo banal, resulta cada vez más habitual y, por tanto, más aceptada.

El mercado de trabajo ha pasado de una situación de relativa penuria de candidatos a otra de superabundancia y, por consiguiente, la competencia por un puesto de trabajo determinado es cada vez mayor, excepto en el caso de algunas especialidades muy poco comunes en técnicas punteras o en trabajos con un alto nivel de riesgo. Tanto si el lector está buscando empleo como si está simplemente atento al mercado porque su trabajo actual se le ha quedado pequeño, resulta fundamental hoy en día ser más competente que los demás, especialmente en las entrevistas de trabajo.

¿A quién va dirigido este libro?

Este libro va dirigido a todas aquellas personas que tienen la intención, en algún momento, de mantener una entrevista de trabajo, es decir, a todos nosotros, pero especialmente:

• A todo aquel que se encuentre actualmente en el paro, puesto que la calidad de sus entrevistas es uno de los elementos determinantes del éxito en la búsqueda de trabajo.

• A los estudiantes, tanto los que se preparan para emprender su primera búsqueda de empleo como aquellos que ya la han empezado. Cuando un determinado comentario vaya dirigido a ellos, los trataremos dentro de la categoría de «principiantes».

• A aquellas personas que ya tienen un puesto de trabajo, pero:
— que tienen la intención de buscar otro empleo (puede resultar útil averiguar cuáles son las necesidades del mercado);
— que, acogiéndose a la legislación vigente en algunos países en cuanto a la formación, desean hacer una valoración de sus capacidades, lo que les llevaría a tener que superar un proceso parecido a la entrevista de trabajo, aunque sea sólo ante un especialista en evaluación de competencias.

• A todo aquel que pueda encontrarse en una situación en la que alguien evalúe sus capacidades para asumir una responsabilidad determinada.

11

Cómo sacar el mejor partido de este libro

«¡Usted es único!». Seguramente ya lo habrá oído alguna vez, y puede que esté convencido de ello. Añadamos humildemente al comentario de los biólogos y genetistas el peso de nuestra experiencia en materia de gestión de recursos humanos: sí, usted es único.

Una vez visto esto, se preguntará: «Ya que este libro va dirigido a mí, y en la medida en que soy único, ¿cómo sacarle el mejor partido?».

Si le ha atraído el título del libro, sin duda es porque tiene la intención de cambiar de empresa, o incluso quizá se encuentre ya en plena búsqueda. En este caso, sabemos que en la carrera hacia un empleo el tener éxito en las entrevistas es una etapa clave para poder conseguir los objetivos. Con este propósito, pues, damos acceso a una información que procede de una extensa práctica en el asesoramiento y la evaluación de directivos que buscan trabajo. Es necesario considerar lo que viene a continuación como una herramienta de trabajo, de profundización, de preparación para obtener una calificación alta en la competición en la que estamos inmersos.

Una condición previa para que una entrevista tenga éxito es que sepa dónde se encuentra en el momento actual para que defina adónde quiere ir: aquí encontrará, pues, algunas indicaciones para que pueda precisar su situación actual, si no lo ha hecho ya, y elabore su proyecto profesional. Recuerde que este «proyecto profesional» es sólo para uso personal, y para identificar hacia dónde quiere dirigirse y con qué motivo. Por tanto, evite exponerlo a quien no le interese si tiene éxito o no en su proyecto.

La parte central de la obra se ocupa de las respuestas a las preguntas que pueden hacerle: pero tranquilícese, ¡no es cuestión de saberlas al dedillo! Para sacar el mejor partido de las observaciones, sugerencias o consejos que encuentre, es necesario que insista en aquellos aspectos que le afecten particularmente, reflexionando y elaborando lo que podría ser su propia respuesta. Si le resulta de ayuda, puede ponerla por escrito para estudiarla más a fondo y adquirir así la espontaneidad controlada que es una garantía de éxito en las entrevistas que mantenga en el futuro. Dará una impresión de mayor credibilidad y transmitirá más seguridad, puesto que durante la entrevista estará más seguro de sí mismo.

Un índice de palabras clave le permitirá definir más fácilmente cuáles son sus prioridades.

¡Comience, el éxito le espera!

Las entrevistas

Antes de llegar al final de nuestra búsqueda, probablemente vamos a encontrarnos con múltiples tipos, modalidades y estilos de entrevista. Cuanto mejor preparados estemos, es evidente que obtendremos mejores resultados.

Tipos de entrevista

Entrevista de selección

Tanto si respondimos a un anuncio como si fue un cazatalentos quien contactó con nosotros, la primera entrevista tendrá como objetivo verificar si nuestro perfil se corresponde suficientemente con el perfil definido, para justificar la presentación de nuestra candidatura a la empresa.

Cuanta más información hayamos reunido previamente sobre la empresa y el puesto de trabajo, tanto más aprenderemos en el transcurso de la entrevista y más relevante y eficaz será nuestra argumentación, incrementando así las posibilidades de superar este primer obstáculo.

Es necesario saber que, en el caso de los cazatalentos, es habitual que en una primera entrevista no sepamos el nombre de la empresa, ya que es posible que nuestro interlocutor se haya comprometido a no revelarlo. Algo parecido sucede con las empresas de selección y con las empresas de trabajo temporal.

Entrevista de presentación a la empresa

Esta situación se produce después de la entrevista de selección: el especialista en selección de personal propone a la empresa nuestra candidatura, además de algunas otras, por lo que la empresa decide volver a ponerse en contacto con nosotros. Antes de esta presentación nuestro interlocutor ya se ha formado una idea de nosotros, nos conoce un poco, por lo que resulta necesario mantenerse coherentes con lo que hablamos con el especialista en contratación, que, en algunos casos, asiste a la entrevista.

Recordemos que hemos de seguir indagando acerca del puesto que ofrece la empresa y el entorno físico y humano en el cual posiblemente se nos proponga desarrollar nuestra vida profesional.

La entrevista en profundidad

Una vez superada la presentación a la empresa, a menudo tendremos una o más entrevistas en profundidad, generalmente con distintos interlocutores.

Aunque no sea una regla inmutable, es muy posible que conozcamos a personas que ocupen un puesto en la jerarquía de la empresa cada vez más alto y tengan más poder de decisión.

Estas entrevistas, bien resueltas, serán tanto para nosotros como para la empresa una manera de asegurar la contratación, de crear un clima de confianza favorable a una situación real de trabajo.

Entrevista final

La empresa decide hacernos una oferta: el objetivo de esta entrevista será concretar las condiciones de dicha propuesta. Es la última ocasión para negociar; por tanto, la empresa no considerará oportuno que después planteemos nuevas exigencias.

Dispondremos de un periodo de tiempo, generalmente bastante breve, para dar nuestra respuesta definitiva.

Entrevista indirecta

Es el tipo de entrevista que mantenemos en el entorno de nuestra red de relaciones: en la mayor parte de los casos, lo que está en juego en la entrevista es el exponer claramente cuál es nuestra situación, adónde queremos llegar y por qué. Nos permitirá obtener una escucha positiva por parte de nuestro interlocutor y, en concreto, beneficiarnos de sus recomendaciones para establecer contacto con las personas de su propia red de relaciones que, a su vez, pueden sernos de ayuda en nuestra búsqueda de trabajo o, incluso, uno de nuestros objetivos.

Entrevista después de una candidatura espontánea

En cierto modo, se trata de una entrevista de presentación a la empresa. Sin embargo, hay una diferencia esencial: en este caso nos han convocado porque nuestra carta suscitó el interés del destinatario; hay una idea, un proyecto relacionado con nosotros y que nosotros desconocemos. ¡Se trata, pues, de descubrirlo!

Si logramos superar este primer obstáculo, a continuación seguiremos el mismo trayecto descrito anteriormente: entrevista(s) en profundidad y entrevista final.

Modalidades de entrevista

Entrevista cara a cara

Se trata sin duda del tipo más frecuente: dos personas sentadas una frente a otra, en una situación más igualitaria de lo que seguramente pensamos. A nuestro interlocutor le interesan diversas cuestiones:

• ¿Se corresponde el perfil del candidato con el puesto de trabajo requerido?

• ¿Me está ocultando algo el candidato?

• ¿Cómo debo venderle el puesto de trabajo, ya que creo que se trata de un candidato interesante?

• Mientras no me equivoque...

Es conveniente recordarlo cuando nos encontremos cara a cara con nuestro interlocutor y establezcamos un diálogo con él.

Entrevistas en cadena

Las entrevistas en cadena, aunque se trata de ver a varios interlocutores en entrevistas cara a cara, uno después de otro, pueden resultarnos agotadoras. En efecto, cada uno de nuestros interlocutores tiene que realizar solamente una entrevista, mientras que no sucede lo mismo con nosotros, que habremos de pasar varias horas en entrevistas. Por lo tanto, es necesario tener la resistencia de un corredor de fondo y recordar lo siguiente:

• Podemos pedir que se nos permita una pausa para refrescarnos, o ausentarnos para ir al servicio...

• Respondamos siempre del mismo modo y en el mismo sentido a las preguntas idénticas que pueden plantear los interlocutores (por ejemplo: «¿Por qué desea usted dejar su empleo actual?», o bien: «Está usted trabajando actualmente?», «¿qué es lo que más le atrae de nuestra empresa?», etc.).

- Si en cada entrevista se repite una misma pregunta, no se trata de una señal de desconfianza, simplemente se trata de una de las preguntas habituales.

- Recordemos que los interlocutores se reunirán para intercambiar sus impresiones; por tanto, es mejor que la imagen que hayamos dado de nosotros mismos a cada uno difiera muy poco respecto a la de los demás.

- Respondamos de manera simple y coherente.

Entrevistas en grupo

Se trata de un tipo de entrevista que se utiliza cada vez con más frecuencia cuando la empresa desea apreciar nuestras aptitudes directivas, de comunicación y de negociación. Nos encontraremos con algunos candidatos más y frente a uno o más expertos en contratación de personal y/o miembros de la empresa. Seguramente se propondrá un tema de discusión o bien se invitará a los entrevistados a que, después de una presentación de la empresa, planteen algunas preguntas. ¡Recordemos que para no quedar eliminado es importante participar!

Estilos de entrevista

A continuación trataremos los distintos estilos de entrevista; de forma esquemática, existen cuatro estilos distintos.

Entrevista poco dirigida

Constituye el terreno de los psicólogos: si somos candidatos en una de estas entrevistas nos encontraremos con un interlocutor que plantea preguntas abiertas (del tipo «hábleme de usted», «si tuviera que describirse a sí mismo, ¿qué diría?», etc.). A continuación, nos dejará hablar e intervendrá sólo para asentir levemente a lo que decimos...

Corremos el riesgo de extendernos en un largo monólogo. Tendremos que procurar ser concisos y concluir nuestra respuesta con una pregunta dirigida al entrevistador (por ejemplo, ante una pregunta como «hábleme de usted», podemos ofrecer una síntesis rápida y acabar preguntando cuál de los aspectos mencionados desea que desarrollemos; de este modo, tendremos la oportunidad de saber más exactamente qué información le interesa).

También vale la pena saber que, si nuestro interlocutor decide mantenerse en el terreno de la entrevista poco dirigida, nos da la oportunidad de transformar la entrevista en diálogo.

Entrevista dirigida

Nuestro interlocutor ha planificado la entrevista y, por tanto, nos planteará una serie de preguntas sucesivas y, quizás, a un ritmo rápido. Según cada caso, nos comunicará el plan al principio de la entrevista, o bien pasará sin transición de un tema a otro.

Deberemos responder en general brevemente, teniendo presentes al mismo tiempo las preguntas que queremos hacerle acerca del puesto de trabajo o de la empresa para planteárselas en el momento adecuado.

Entrevista semidirigida

Con el fin de evaluar nuestra capacidad de adaptación y cualidades para la réplica, nuestro interlocutor pasará del estilo más dirigido al menos dirigido.

Con frecuencia tendremos la sensación de estar participando en una agradable conversación. No obstante, debemos permanecer muy atentos, puesto que, debido a esta misma comodidad, sin querer podríamos dejarnos llevar bastante más lejos de lo que habríamos deseado.

Es conveniente saber utilizar la atmósfera distendida de la entrevista para establecer un verdadero diálogo, obtener la máxima información interesante y saber argumentar nuestra candidatura.

Entrevista provocadora

Puede ser que nuestro interlocutor adopte un estilo agresivo y nos interrumpa, o que parezca que se desinterese por lo que decimos... De hecho, todo esto pretende desestabilizarnos. No es frecuente encontrar una actitud de este tipo en una empresa, pero, en cambio, algunos expertos en contratación de personal utilizan este sistema.

Para nosotros, el truco está en mantener la calma y recordar dónde estamos y adónde queremos ir; nos sentimos seguros de nuestra posición y, por este motivo, transmitimos seguridad.

Algunos consejos

¿Hay que aceptar todas las entrevistas?

Aunque está claro que es mejor evitar hacer cualquier cosa, para no dispersarse, resulta útil, no obstante, adquirir cierta experiencia para mejorar nuestra actuación en las entrevistas. Teniendo esto en cuenta, al comienzo de nuestra búsqueda podemos aceptar entrevistas para puestos de trabajo de un interés relativo. Es un buen sistema para incrementar nuestras posibilidades de éxito en futuras entrevistas para puestos de trabajo más atractivos.

Por otra parte, puede ocurrir que, al encontrar un candidato especialmente interesante, aunque con un perfil distinto al requerido, la empresa modifique su demanda, de manera que el candidato se beneficie. Sin embargo, evitemos fijarnos en la cantidad y no en la calidad, y seamos selectivos a la hora de escoger las entrevistas y tan rigurosos gestionándolas como sea posible: si se trata de entrevistas importantes, una por la mañana y otra por la tarde constituyen un ritmo satisfactorio, en caso de estar desempleado, pero si no, nuestra propia carga de trabajo raramente nos va a permitir mantener más de una entrevista al día.

¿Cómo fijar una cita?

Para fijar una cita se utiliza normalmente el teléfono, tanto si la solicitamos nosotros directamente como si la solicita el especialista en contratación de personal, o bien viene precedida de una carta del entrevistador o de la empresa, proponiéndonos un encuentro.

Hemos de evitar convertir la llamada en una entrevista telefónica y hablar de nosotros, del puesto de trabajo o de la remuneración, ya que ello incrementaría el riesgo de que la entrevista fuese anulada. Nuestro objetivo ha de limitarse únicamente a obtener información útil para esa cita.

¿Es necesario buscar más información?

La respuesta es, sin lugar a dudas, sí; si sabemos el nombre de la empresa, debemos buscar el máximo de información acerca de sus actividades, sus productos, sus directivos, las empresas de la competencia, su balance...

Existen múltiples fuentes de información:

— los anuarios y publicaciones periódicas;
— las bases de datos informatizadas;
— los informes de actividades;
— los anuarios de antiguos alumnos;
— los conocidos...

Cuanto más podamos averiguar, mejor armados estaremos para convertir las próximas entrevistas en un verdadero diálogo y para plantear las preguntas oportunas.

Sin embargo, ¡cuidado!: debemos evitar dar la impresión de que conocemos la empresa mejor que nuestros interlocutores, ¡que forman parte de ella!; se trata simplemente de que expresemos nuestro interés utilizando los conocimientos adquiridos sobre la empresa.

Cómo prepararse para la entrevista

• Repasemos las informaciones reunidas acerca del puesto de trabajo y la empresa.

• Refresquemos la memoria en cuanto a nuestro proyecto profesional, nuestros puntos fuertes, habilidades y logros.

• Identifiquemos las preguntas que queremos hacer.

• Cuidemos nuestra presentación.

• Lleguemos un poco antes de la hora prevista; esto nos dará tiempo de respirar antes de la entrevista para estar tan distendidos como podamos.

• Seamos amables y educados con todas las personas con las cuales tratemos en la empresa, puesto que es posible que su opinión cuente...

Cómo comportarse durante la entrevista

Tan naturalmente como sea posible, es decir, con una espontaneidad controlada.

- Dominando, si es el caso, las ganas de fumar.

- Esperando a que nuestro interlocutor nos invite a sentarnos.

- Escuchando y observando a nuestro interlocutor (probablemente él está haciendo lo mismo), ya que esto mejorará la comunicación entre ambos.

- Cuidando la expresión y los silencios, y evitando interrumpir a nuestro interlocutor.

¿Habrá preguntas indiscretas?

Pensemos, en un principio, que quizá nuestras respuestas puedan serlo... Es necesario abordar con discreción cualquier tema confidencial que se refiera a alguno de nuestros anteriores jefes o superiores: de este modo, nuestro interlocutor podrá confiar en nuestra conducta futura en el caso de que lleguemos a colaborar con la empresa.

¿Cuándo hablar de dinero?

Como todo buen vendedor, lo más tarde posible, es decir, en el momento en que, según todos los indicios, veamos que nuestra candidatura interesa a la empresa. Si es posible, dejemos que sea nuestro interlocutor el que aborde esta cuestión.

Cómo terminar la entrevista

Hay que agradecer a nuestro interlocutor que nos haya recibido, el tiempo que nos ha dedicado, las respuestas que nos ha proporcionado...

Si es posible, se ha de concretar qué va a suceder a continuación, cuánto tiempo va a transcurrir, a quién le corresponde tomar la iniciativa...

Las referencias

Pensemos en las referencias que podemos aportar en el transcurso de las entrevistas. Es preciso escogerlas sobre todo entre las personas que tratamos en nuestra empresa actual o en la que acabamos de dejar, si es que estamos desempleados. En todo caso, hemos de limitarnos al entorno profesional. Podemos pedir permiso a nuestros contactos para citar sus nombres y, si es posible, que nos redacten una presentación, así les daremos la oportunidad de ayudarnos. También debemos evitar citar las referencias antes de que nos inviten a hacerlo.

La verificación de las referencias suele aparecer en un estadio avanzado de la búsqueda: es una señal de que nuestra candidatura interesa.

Hemos de llamar por teléfono a las personas que citamos como referencia para prevenirlas de posibles llamadas por parte de las personas que conozcamos en nuestra búsqueda de trabajo. Comentémosles a qué puesto de trabajo aspiramos y qué pensamos que podemos aportar a la empresa; así, nuestras referencias podrán contribuir de forma directa a apoyar nuestras afirmaciones.

Después de la entrevista

Lo antes posible, después de la entrevista (la noche no es buena consejera en este caso; por el contrario, el olvido hace su camino con rapidez), haremos una síntesis, tanto desde el punto de vista de los temas abordados como del clima humano, de lo que dijimos (lo que evitará que caigamos en contradicciones más adelante), lo que quedó pendiente de tratar, las informaciones que nos conviene reunir para una futura entrevista...

Algunos días después, enviaremos una carta de agradecimiento a aquellas personas con quienes tratamos. Así, confirmaremos nuestro interés y precisaremos de qué tipo podría ser nuestra contribución. En la mayoría de los casos, una carta de este tipo será muy apreciada.

Cuál es nuestra situación

Para tener las mejores oportunidades de encontrar un nuevo empleo lo más rápidamente posible, debemos conocernos a nosotros mismos cuanto más mejor, para poder presentarnos y, sobre todo, para saber vendernos en las entrevistas.

Para saber adónde nos dirigimos, hay que saber dónde estamos

Con este objetivo, tendremos que contestar a las siguientes preguntas:

- *Cuáles son:*
  — nuestros principales rasgos de carácter, nuestros puntos fuertes y débiles;
  — nuestros conocimientos y competencias profesionales: lo que hemos aprendido y realizamos con éxito (tareas, puestos de trabajo);
  — otras posibles aptitudes: lo que somos capaces de hacer y todavía no hemos podido realizar desde una perspectiva profesional.

- *¿Qué tenemos ganas de hacer?*
Siempre hacemos mejor lo que nos gusta y, en el trabajo, es importante sentirse «bien dentro de nuestra piel, como en un traje hecho a medida».

- *¿En qué ambiente preferimos trabajar?*
En una fábrica, una oficina, una empresa grande o pequeña...

La siguiente documentación puede ayudarnos a responderlas.

Rasgos de carácter y características personales

Podemos usar las dos páginas siguientes para redefinir nuestros puntos fuertes y débiles.

- En cada una de las listas, señalaremos las características que se corresponden con nosotros.

- A continuación, tendremos que escoger nuestros cinco puntos fuertes más relevantes además de los puntos débiles que dificultan nuestro progreso.

Los cinco puntos fuertes:

- ....
....

- ....
....

- ....
....

- ....
....

- ....
....

Los tres puntos débiles:

• ....
....

• ....
....

• ....
....

PUNTOS FUERTES

abierto a los demás	❏	dinámico	❏
activ		directo	❏
actúa rápidamente	❏	discreto	❏
adaptable	❏	enérgico	❏
ahorrador	❏	entusiasta	❏
alegre	❏	equilibrado	❏
ambicioso	❏	espíritu práctico	❏
animado	❏	exigente	❏
atrevido	❏	fiable	❏
autónomo	❏	finaliza las tareas	❏
buena comprensión numérica	❏	hábil	❏
buena redacción	❏	honesto	❏
busca la eficacia		imaginativo	❏
capacidad de discernimiento	❏	ingenioso	❏
capacidad para solucionar		innovador	
problemas	❏	inteligente	❏
capacidad para trabajar		leal	❏
en equipo	❏	mantiene a los demás	
con iniciativa	❏	informados	❏
concienzudo	❏	metódico	❏
constante	❏	observador	❏
cooperativo	❏	ordenado	❏
dedicado al trabajo	❏	paciente	❏
deseo de aprender	❏	perseverante	❏
digno de confianza	❏	positivo	❏

preciso	❏	seguro de sí mismo	❏
preocupado por la calidad	❏	sentido común	❏
profesional	❏	sentido de la responsabilidad	❏
prudente	❏	sereno	❏
pulcro	❏	serio	❏
puntual	❏	sincero	❏
reflexiona con rapidez	❏	sociable	❏
reservado	❏	trabaja bien bajo presión	❏
resistencia	❏	**PUNTOS DÉBILES**	
sabe aprovechar el tiempo	❏	abruma a los demás	❏
sabe controlarse	❏	agresividad	❏
sabe escuchar	❏	ansiedad	❏
sabe valorar lo que es urgente	❏	autoritarismo	❏
se expresa bien	❏	carácter antipático	❏

carece de amigos	❏		

comprensión numérica confusa	❏	no inspira confianza a los demás	❏
conformismo	❏	no sabe escuchar	❏
dificultad para expresarse	❏	no toma ninguna iniciativa	❏
enmascara lo más importante	❏	perezoso	❏
excesivamente optimista	❏	pesimista	❏
exceso de espontaneidad	❏	poco flexible	❏
falta de atrevimiento	❏	poco realista	❏
falta de confianza en uno		se desanima con facilidad	❏
mismo	❏	sólo piensa en sí mismo	❏
falta de imaginación	❏	tendencia a dejarse llevar	❏
falta de orden	❏	tendencia a hablar demasiado	❏
falta de profesionalidad	❏	timidez	❏
falta de tolerancia	❏		
hipócrita	❏		
humor inestable	❏		
impaciencia	❏		
inconstante	❏		
indecisión	❏		
indiscreción	❏		
mentalidad cerrada	❏		

Competencias Tareas que suelo ejecutar regularmente y bien	Otras aptitudes Lo que soy capaz de hacer y todavía no he hecho profesionalmente	Expectativas Lo que tengo ganas de hacer para sentirme a gusto y dónde

El cambio de profesión

En el momento en que contemplamos la posibilidad de cambiar de empresa, o incluso si nos vemos obligados a ello, podemos preguntarnos lo siguiente:

• ¿Tenemos la posibilidad de cambiar también de trabajo, de profesión?

....
....
....

• ¿Sería positivo para nosotros?

....
....
....

• ¿Podemos hacerlo? ¿Cómo?

....
....
....

• ¿Tenemos algún condicionamiento? ¿De qué tipo?

— familiar;
— económico;
— localización geográfica;
— tiempo máximo de desplazamientos;
— medio de transporte.

Recordemos que el Estado ofrece ayudas para la formación si estamos buscando trabajo, y que podemos sacar provecho de una formación si nos sirve para completar nuestras competencias, ampliando las opciones posibles.

La experiencia profesional

Empecemos por el puesto de trabajo actual, remontándonos en orden cronológico inverso justo hasta el comienzo de nuestra vida profesional

Fechas	Empresa/Sección/ Población/Departamento	Cargo	Sueldo	Tareas/Responsabilidades	Motivos por los que deja el trabajo

Cómo construir un proyecto profesional

Tipo de empresa

Principales responsabilidades

¿Dónde?

Proyecto profesional:

Se corresponde con mis deseos y es realista porque:

- Sé, conozco

- Soy

- Sé hacer y me gusta hacer

Observaciones generales
sobre la comunicación

La comunicación es un elemento clave en el desarrollo, tanto personal como de las empresas e instituciones.

Tanto las empresas como los directivos comparten la misma necesidad, tener una imagen, y trabajan en pos de comunicarla globalmente.

Hay una cosa segura: la comunicación no tiene antónimo. Es imposible no comunicar.

Comunicar es también una técnica, que se rige por unos principios. Todos podemos adquirir unas buenas bases; sin embargo, es necesario luego ejercitarlos, practicar y entrenarse. Con el entrenamiento se progresa, y la comunicación se convierte en un auténtico placer.

Comunicar es un verdadero arte

Saber comunicarse de forma eficaz resulta esencial para todos nosotros, tanto en la vida profesional como en la vida personal. No se trata de un aspecto de la vida que se presente aisladamente, sino que nos comunicamos cada vez que nos relacionamos con los demás. Comunicamos nuestras ideas, nuestra personalidad y, al mismo tiempo, vendemos nuestras ideas, nuestra personalidad, nuestros productos.

La capacidad para comunicar es inseparable de la capacidad para triunfar: todos nosotros tenemos la posibilidad de adquirir y reforzar las cualidades que poseen aquellas personas que triunfan.

En la empresa existen muchas situaciones donde resulta necesario saber establecer una buena comunicación interpersonal:

— entrevistas, reuniones, pausas para el café, reuniones de personal, comunicaciones telefónicas, conversaciones de pasillo, trabajo en equipo sobre un proyecto, entrevistas de contratación, almuerzos, negociación de un aumento de sueldo, etc.;
— todas las relaciones directas con los clientes: ventas, venta por teléfono, recepción, congresos y reuniones de trabajo, entrevistas de prensa realizadas por teléfono, etc.

En la búsqueda de un nuevo empleo podemos encontrar todavía más aspectos comunicables que habitualmente.

• Utilizaremos la comunicación escrita para:
— redactar el currículum vítae;
— responder a los anuncios;
— enviar cartas;
— candidaturas espontáneas;
— cartas de agradecimiento...

• Utilizaremos la comunicación oral para:
— los contactos telefónicos;
— entrevistas de información y consejo (entrevistas indirectas);
— entrevistas de selección;
— entrevistas de trabajo.

En estas situaciones, nuestra capacidad para comunicar será más determinante que nunca. No es suficiente tener la mejor idea, la mejor estrategia o ser el mejor si no sabemos venderlos.

La comunicación es un juego de dos personas. La alteridad es el derecho a la diferencia. La autoafirmación frente a otra persona no significa establecer un monólogo, sino un intercambio a partir de lo que somos, aceptando las diferencias. Es preciso escuchar de verdad a nuestros interlocutores y saber ponernos en su lugar.

Toda comunicación persigue un objetivo, por lo que debemos ser como aquellas cortesanas que saben cómo relacionarse con un interlocutor inteligente: no se trata de una manipulación, sino simplemente de una ayuda para poder reflexionar de forma conjunta.

Saber reenviar a una persona una imagen positiva de sí misma es sin duda el espejo más adulador que pueda existir.

Cómo funciona la comunicación

Toda comunicación implica un emisor, un receptor, un mensaje y la utilización de algún medio (voz, gestos, etc.). El emisor tiene un objetivo y envía un mensaje al receptor, quien, asimismo, tiene su propio objetivo. El mensaje se transmite mediante las palabras, los gestos, las actitudes y el comportamiento.

- Para poder comunicarse son esenciales tres cualidades:
— saber escuchar;
— saber plantear preguntas y reformularlas;
— saber comprender al otro y ponerse en su lugar.

- La comunicación puede ser:
— verbal (las palabras que pronunciamos);
— vocal (la voz, su proyección y su resonancia);
— visual (lo que los demás ven en nosotros).

Según los resultados de un estudio, la comunicación verbal participa en un 5 %, la vocal en un 38 % y la visual en un 55 %.

Así pues, los tres elementos actúan conjuntamente.

Para lograr una *coherencia* en el mensaje, este debe utilizar palabras que estén de acuerdo con los gestos.

Para comunicarse, todo el mundo utiliza sus propias referencias —es decir, sus palabras, su lenguaje personal, sus gestos y su comportamiento habitual—. Otorgamos un valor, un sentido particular a una palabra, un gesto, etc. (en función de nuestra propia experiencia) y, evidentemente, el receptor recibirá el mensaje en función de su propio sistema de referencias y su código personal.

• *Tomar la palabra* representa a menudo un acto de toma de poder, por lo que resulta necesario aprender a expresarse oralmente, a dirigir una reunión o una entrevista, a escribir. Todas estas acciones forman parte de la vida cotidiana de los directivos.

• La *credibilidad* es esencial para que una presentación tenga resultados positivos, es el punto clave de una comunicación eficaz. Sea cual sea el tema, el oyente no quedará convencido si no somos creíbles, si no puede fiarse de lo que le decimos. No obstante, si emitimos un mensaje coherente, el entusiasmo se asocia a la energía y a la animación del cuerpo y el rostro, para expresar confianza.

Es así como se transmiten los mensajes; en cambio, si miramos hacia el suelo y hablamos con voz dubitativa y temblorosa para decir: «Me encanta estar aquí», ¿quién lo creerá? El problema es la falta de coherencia, que es realmente un gran obstáculo para la comunicación.

• La *personalidad* desempeña un papel destacado en la eficacia de las relaciones personales. La manera de hablar y los elementos visuales, además de la personalidad, la capacidad para despertar simpatías y un carácter abierto, son ingredientes para lograr buenos resultados en la comunicación. Convenceremos e influiremos en nuestros interlocutores por:
— las palabras. El dominio de la persuasión verbal, de las técnicas para argumentar y tratar las posibles objeciones, propia de la retórica clásica;
— los gestos;
— nuestras actitudes y comportamientos, el cómo estamos con los demás.

Algunos puntos importantes

- La mirada: debemos mirar a nuestro interlocutor de manera sincera y constante (cinco segundos por lo menos).

- Un buen porte, colocando la espalda recta y moviéndonos con naturalidad y facilidad.

- Unos gestos naturales: se trata de relajarnos y aprender a respirar, sin bloquear la respiración al hablar. Esto hará que nos sintamos más distendidos.

- La ropa y la apariencia deben ser las adecuadas. Escojamos una ropa con la cual nos sintamos cómodos y que nos proporcione una apariencia apropiada a las circunstancias.

- La voz y la modulación vocal: es preciso aprender a utilizar la voz como si se tratara de un instrumento.

- Una buena utilización del lenguaje y las pausas. Procuremos usar un lenguaje apropiado y claro para los interlocutores, previendo las pausas y evitando las muletillas.

- Puesto que se trata de nosotros... ¡seamos nosotros mismos!

- Un poco de humor... ayuda a la distensión.

Convertirse en experto en comunicación se parece mucho a un proceso de aprendizaje. Como un juglar, al principio aprenderíamos a hacer malabarismos con sólo dos pelotas, después con tres y poco a poco iríamos añadiendo más. Hay técnicas que permiten adquirir más eficacia.

Cómo mejorar nuestra comunicación

Saber lo que queremos

¿Hemos definido nuestro objetivo? Si la respuesta es negativa, se parecería a irse de viaje sin saber adónde nos dirigimos, el medio de transporte que usaremos o el itinerario a seguir.

Antes de establecer cualquier comunicación, es preciso definir nuestro objetivo de manera positiva y realista: «Quiero saber...», «Quiero obtener...»

• Imaginemos lo que queremos obtener, respondiendo a las preguntas siguientes:
— ¿Qué quiero?
— ¿Cómo puedo obtenerlo?
— ¿Qué tengo que me permita obtenerlo?
— ¿Con qué recursos?

• Debemos formular nuestro objetivo en términos positivos, evitando la frase «no quiero...», y, en su lugar, diremos siempre: «quiero, quiero, quiero». Es preferible decir «acuérdese de...» que «no se olvide de...», que corre el riesgo de obtener el efecto contrario.

• Para ir todavía más lejos. Definir un objetivo ya es pensar el futuro, imaginarlo. La imaginación se organiza a partir de la experiencia de los sentidos. Podemos hacernos una representación de lo que sucederá cuando hayamos conseguido nuestro objetivo.

Imaginemos que nos encontramos en esta situación y todo lo que deberíamos hacer para conseguir este objetivo...

Ahora ya lo hemos conseguido: ¿Cómo es este objetivo? ¿Y la gente que nos rodea o el sitio? ¿Qué vemos? ¿Qué oímos? ¿Qué nos afecta más?

Antes de cualquier negociación es necesario que nos preguntemos qué queremos obtener en el mejor de los casos, aunque también hasta dónde llegaríamos si la negociación no nos fuera favorable. Es preciso pensar siempre en alguna estrategia de repliegue. En el peor de los casos, ¿qué podríamos hacer para seguir adelante?

Algunos consejos

La escucha activa

Epicteto escribió: «La naturaleza ha dotado al ser humano de una lengua y dos orejas, para que escuchara dos veces más de lo que hablara».

La herramienta más eficaz en la comunicación es la acción de escuchar, por lo que es preciso aprender a hacerlo. Es un arte difícil, puesto que hay muchas diferencias entre:

— lo que yo debo decir y lo que nuestro interlocutor debe oír;
— lo que yo quiero decir y lo que nuestro interlocutor quiere oír;
— lo que yo pienso que he dicho y lo que nuestro interlocutor ha entendido;
— lo que yo he dicho y lo que nuestro interlocutor ha retenido...

Escuchar para poder responder también es comprender al otro, por lo que no se trata de tener un papel pasivo sino de una tarea. Por eso hablamos de *escucha activa*.

Si aprendimos a leer, a escribir, ¿no podemos también aprender a escuchar? El pensamiento es más veloz que el habla, de modo que un discurso suele tener entre 120 y 160 palabras por minuto, mientras que el cerebro puede procesar 800 palabras por minuto. La escucha activa es un proceso voluntario que exige tener en cuenta verdaderamente al otro, en toda su globalidad y su alteridad. Nuestro interlocutor se merece respeto y atención. De este modo, le haremos saber que su mensaje tiene importancia.

• Para empezar, será preciso una *mente libre,* sin preocupaciones personales. Deberemos mirar a nuestro interlocutor, demostrándole que le estamos escuchando.

La acción de escuchar se realiza en dos niveles:

— el nivel de las palabras, el contenido y el tema tratado;
— el nivel no verbal, es decir, los signos emitidos por nuestro interlocutor, sus gestos y su postura.

El nivel no verbal expresa, sobre todo, los sentimientos de nuestro interlocutor: aquello que se dice mediante los gestos va más allá del sentido de las palabras.

Debemos aprender a observar, conectándonos directamente con nuestro interlocutor.

• Desarrollemos nuestra capacidad de atención. Las dificultades que encontremos en este empeño dependen de nuestros bloqueos inconscientes ante nuestro interlocutor (quizá sus gestos, una determinada forma de vestir, su belleza física o la falta de ella... nos inhiben o bien nos atraen).

En estas situaciones, es mejor no poner cara de estar escuchando: nuestra expresión nos traicionaría. La comunicación no se produce en un solo sentido, sino en igualdad de condiciones con nuestro interlocutor. Hemos de partir de la idea de que todo encuentro es interesante y que vale la pena vivirlo. Recordemos también el proverbio persa: «Quien habla siembra, quien escucha recoge».

La empatía

La empatía es la capacidad de ponerse en el lugar de los demás teniendo en cuenta su punto de vista y sus intereses. Se trata de considerar a los interlocutores como personas distintas a nosotros, por lo que hay que aceptar sus ideas si difieren de las nuestras, y saber ponernos en su lugar. Ello comporta la comprensión lúcida del otro, un estado de ánimo que prohíbe la crítica. Se trata de aceptar al otro y de tener la capacidad de ponerse en su piel, para comprender sus referencias culturales, verbales y gestuales. El efecto es instantáneo: si hablamos el mismo lenguaje que nuestro interlocutor, este sentirá que está hablando con alguien que escucha y habla como él. Al mismo tiempo, tengamos siempre presente cuál es nuestro objetivo.

La comunicación visual

Los ojos, la mirada, son una herramienta importante para manifestar nuestro impacto personal; en situaciones de comunicación tendremos que mirar a nuestro interlocutor durante, como mínimo, cinco segundos: esta duración ayudará a que se sienta cómodo. Debemos evitar la mirada inquieta que se centra en todo excepto en nuestro interlocutor, algo así como la mirada de un conejo asustado, porque transmite la impresión de intranquilidad y le hace un flaco servicio a nuestra credibilidad. Miremos directamente a nuestro interlocutor y, si tenemos alguna dificultad para mirarle a la cara, nos puede ayudar enfocar un punto fijo en mitad de la frente, justo por encima de los ojos.

La voz

• El tono y la calidad de la voz desempeñan un papel esencial para que nuestro mensaje sea eficaz. La voz es muy sutil, y

43

transmite el estado de ánimo de quien habla. Podemos mejorar la voz con algunos ejercicios apropiados.

• La modulación vocal, sobre todo si empleamos la técnica de las montañas rusas, es un método excelente para mantener el interés y la implicación de nuestro interlocutor. Esta técnica consiste en acentuar la palabra que nos interesa. Podemos practicarla con la siguiente frase, acentuando cada vez una palabra distinta: «Ahora mismo yo quiero encontrar una solución».

Para controlar nuestros progresos podemos grabarnos en un casete.

El lenguaje, las pausas y las muletillas

• Utilicemos un lenguaje claro y apropiado, previendo las pausas y evitando las muletillas. Si somos precisos a la hora de seleccionar las palabras, nuestra comunicación será más eficaz. Para ello es necesario un vocabulario rico, escogido y adecuado a la situación.

• También podemos retomar las mismas palabras del vocabulario de nuestro interlocutor (para poder hacerlo hay que escucharlo).

• Las pausas entre dos frases son naturales: en algunas ocasiones, ciertas pausas nos permitirán controlar el efecto que causamos, por lo que debemos procurar practicarlas.

• Hay que saber utilizar las pausas y los silencios: esta técnica incita al otro a retomar la palabra, y en ocasiones es la mejor de las preguntas, puesto que nuestro interlocutor, para evitar el vacío de un silencio, habla... Al mismo tiempo, los silencios nos permiten respirar, reflexionar y escuchar. Sin embargo, no conviene abusar de ellos para no correr el riesgo de caer en una situación incómoda.

La sonrisa y el humor: unas buenas armas

Lo que nos singulariza antes que nada es la sonrisa. El sentido del humor se expresa en gran parte de forma no verbal a través de esta, por lo que es importante que sepamos cuál es nuestra disposición natural para sonreír.

Las personas que ríen con facilidad tienen tendencia a ver el mundo a través de un cristal de humor. Pongámonos las gafas de color rosa: seremos más espontáneos, abiertos, divertidos.

Comprendamos y utilicemos al máximo nuestras mejores bazas y tengamos confianza en nuestra espontaneidad y en nosotros mismos para adaptarnos a las circunstancias.

La expresión del rostro

Lo que mejor funciona es un aspecto natural. Descubramos nuestros gestos de nerviosismo: todos tenemos cierta tendencia a llevarnos las manos a la cara. Procuremos evitar nuestro gesto de nerviosismo más frecuente y sonreír más, que es importante.

Si sonreímos, los demás percibirán en nosotros un persona abierta y amistosa, y se mostrarán más receptivos a nuestras ideas, pero sin forzarnos, ya que una risa forzada se nota.

La actitud

Aprendamos a permanecer erguidos y a movernos con facilidad y naturalidad. Deberemos evitar desplomarnos en la silla. También es preferible mantenerse flexible a quedar aprisionado en una actitud rígida.

La actitud física refleja la actitud mental, y la confianza en nosotros mismos se expresa a través de una actitud firme. Si tenemos que estar de pie permanezcamos erguidos, sin ir cambiando el peso del cuerpo de una pierna a otra y manteniendo la estabilidad y el equilibrio. Tampoco conviene que nos balanceemos de delante hacia atrás.

Mostremos que estamos listos para actuar y que permaneceremos a la escucha, concentrados y atentos.

La reformulación

La reformulación es una técnica básica que nos permite comunicarnos mejor y saber convencer.

Se trata de repetir lo que dice nuestro interlocutor. Hay tres maneras de hacerlo:

• La reformulación-eco, que consiste en repetir toda una frase o bien una palabra o varias palabras de nuestro interlocutor, con una pregunta o una simple entonación interrogativa: nuestro interlocutor responderá, precisando su respuesta anterior.

NOSOTROS: ¿Por qué se busca a otra persona para este puesto de trabajo?
NUESTRO INTERLOCUTOR: Se trata de una situación un poco especial.
NOSOTROS: ¿Especial?
NUESTRO INTERLOCUTOR: Sí, porque...

Retomamos una sola palabra de nuestro interlocutor para incitarlo a que vaya más lejos.

• La reformulación-síntesis, según la cual retomamos de manera sintética lo que se dijo antes, con lo que evitaremos ir hacia atrás en la conversación.

NUESTRO INTERLOCUTOR *(hablando del actual ocupante del puesto de trabajo)*: El señor X ha sabido crear una gran complicidad en su equipo y un buen clima de trabajo. Para cada nuevo proyecto y cada cuestión importante pide la opinión de sus colaboradores. De este modo las decisiones se toman de forma colectiva.

NOSOTROS: Me describe su estilo de dirección.

• La reformulación inductiva, que nos permite retomar lo que nos interesa más y eliminar lo demás e integrar la información que nos conviene.

NUESTRO INTERLOCUTOR: En nuestra empresa siempre ha habido un clima agradable. Este está vinculado al proyecto de empresa, que implica a todo el personal y para el cual se ha establecido un cierto número de reglas de funcionamiento muy estrictas.

NOSOTROS: Cuando se habla de proyecto de empresa, también se habla de cultura y valor empresariales. Resulta apasionante... y me interesa mucho, puesto que se trata del tipo de proyecto que estimula mi motivación y entusiasmo por trabajar en su empresa.

Dé ejemplos, siempre es más convincente

• Ilustremos nuestras afirmaciones con ejemplos concretos. Recordemos que vivimos en un mundo donde la imagen cuenta. Hoy más que nunca, las imágenes y lo visual tienen un papel preponderante.

• Los ejemplos ayudan a la visualización: nos permiten expresar nuestro yo profesional, el de una persona que los demás desean contratar, puesto que transmite toda su experiencia y habilidad. Pongamos en práctica un viejo refrán pedagógico: «Las ideas son teorías mientras no se apoyen en algún ejemplo».

Como el vendedor de manzanas que las frota para hacerlas brillar y presenta siempre la cara más roja al comprador, sepamos dar brillantez a nuestros actos.

«Poned las frases más bellas encima del cesto» (Françoise Giroud).

Sea asertivo

Afirmémonos. Expresemos sentimientos y demos nuestra opinión. Recordemos que lo que obtenemos no es casual, sino que es algo que se decide, y somos nosotros quienes lo construimos.

Sepamos gestionar nuestro desarrollo y vida profesionales. Es una política de pequeños pasos: de este modo una persona se autoafirma día tras día. Expresemos todo aquello que nos afecta. Nos permitirá ser responsables.

Ante cualquier problema, planteémonos un objetivo positivo, concreto y realizable, pensando de forma positiva: ser positivo significa conocer nuestras necesidades y deseos y expresarlos ante los demás.

Tengamos también presentes todas las dificultades con que nos hemos topado y de las que hemos salido vencedores.

Para resolver el problema y encontrar la solución es preciso poner en marcha un plan de acción. No se trata de comprender el porqué de nuestra situación, puesto que esto representa un retorno al pasado, sino de encontrar soluciones a partir del *cómo* y del *qué hacer*.

Por último, digamos «yo» para expresar nuestros sentimientos con respecto a una situación, que generará una respuesta del «yo» de nuestro interlocutor, y abrirá una puerta hacia la negociación.

La presentación

Nos están observando: cuidemos nuestra apariencia

Quizá pensemos que el hábito no hace al monje... pero depende: ¿qué encanto tienen un traje con un mal corte, unos zapatos gastados, unos calcetines torcidos o una falda manchada? Tenemos que parecer lo que queremos ser: si queremos triunfar, adoptaremos el aspecto de un triunfador. La forma de vestir nos delata y habla por nosotros: respira nuestro ambiente...

Los cinco primeros segundos que vemos a una persona nos bastan para formarnos una impresión viva y clara de ella. Según los expertos, los siguientes cinco minutos permiten añadir un 50 % de impresiones adicionales, positivas o negativas.

Dado que el 90 % de una persona está cubierto de ropa, hemos de ser conscientes de lo que puede comunicar. El 10 % restante también tiene importancia:

— el rostro, el pelo y las manos;
— el maquillaje, el peinado y los adornos;
— la barba y el bigote.

Tengamos presentes dos principios:

— sentirnos cómodos con nosotros mismos;
— tener un aspecto adecuado y adaptado al tipo de empresa que visitamos.

Cuando una persona se siente cómoda con su apariencia, experimenta un sentimiento de confianza en sí misma. Este sentimiento se transmite a los interlocutores a través de la percepción inconsciente.

Mientras nos preparamos para acudir a una entrevista, tendremos en cuenta, en lo referente al aspecto, nuestros gustos personales para sentirnos cómodos; también procuraremos dar una imagen personal que no sea artificial y que, al mismo tiempo, esté en armonía con la imagen de la empresa donde aspiramos a trabajar.

No permitamos que eliminen nuestra candidatura a causa de nuestro aspecto sin haber tenido la oportunidad de demostrar o destacar nuestras excelentes aptitudes profesionales y cualidades personales.

Mantengamos un aspecto profesional durante todo el proceso de búsqueda de empleo cuando tengamos que desplazarnos a algún sitio: no sabemos con quién podemos encontrarnos. ¡Cuidemos la imagen!

Para la mujer

La elegancia clásica será nuestra mejor baza. Escojamos trajes con un buen corte, y tejidos de calidad y evitemos la ropa demasiado nueva, que puede darnos un aspecto algo artificial, un poco endomingado.

La personalidad puede expresarse escogiendo blusas de colores que nos favorezcan, con un cuello que se adapte a la morfología del rostro. Los tejidos, de seda o algodón, de seda artificial o poliéster (siempre que no sean demasiado transparentes...).

Los accesorios han de escogerse con cuidado:

• Para los zapatos, optemos por un estilo más bien clásico y unos tacones medianos.

• Los bolsos y los cinturones deben estar conjuntados con los zapatos. Si usamos un portafolios para los documentos, aunque resulte muy útil, no ha de sobrecargarse. Prestemos atención también al contenido del bolso, evitando guardar muchos objetos personales o cosas inútiles.

• Los adornos de joyería o bisutería han de ser discretos y convencionales, como un collar de perlas, una gargantilla o un collar clásico, y un reloj discreto. Es mejor evitar llevar demasiados anillos, adornos extravagantes o pendientes muy largos.

• Las medias, también serán de color y estilo clásicos. El peinado y la piel han de tener un aspecto cuidado.

Un maquillaje natural y discreto siempre juega a favor nuestro, y un buen perfume suave. Cuidemos del estado de la ropa: el abrigo o la gabardina siempre limpios, y los zapatos, lustrados.

Podemos llevar un par de medias o calcetines de espuma, hilo y aguja dentro del bolso por si acaso se nos cae un botón o se deshace una costura.

Para el hombre

Nuestra apariencia ha de ser impecable y clásica:

• El traje debe tener un buen corte (aunque no esté hecho a medida), clásico, confeccionado con ropa de buena calidad y que no esté pasado de moda. El color nos ha de favorecer, y el pliegue del pantalón estará bien planchado.

• La camisa, blanca o azul de rayas finas, bien planchada.

• Una corbata de diseño clásico (a rayas o puntos, de cachemir...).

51

• Los accesorios desempeñan un papel importante; por tanto los hemos de cuidar: un cinturón de cuero a juego con los zapatos. ¡Cuidado con las hebillas demasiado grandes!

• Los zapatos, en buen estado, de estilo y color clásicos (negro o marrón), y siempre bien lustrados.

• Los calcetines, sobrios de color, oscuros. Si son estampados hay que procurar que hagan juego con el traje. Nada de calcetines muy cortos que dejen al descubierto las pantorrillas, por bonitas que sean... Si se aflojan las gomas, hay que usar otro par.

• Para los complementos, un reloj simple y elegante es siempre correcto. Hay que tener cuidado con los gemelos o con las agujas de corbata, que pueden hacernos parecer excesivamente arreglados.

Cuidaremos nuestro aspecto general, e iremos bien afeitados. La colonia, si la usamos, ha de ser muy, muy discreta. En cuanto al pelo, ha de estar cuidado, limpio y bien cortado.

Atención al estado de nuestros abrigos, que han de estar siempre impecables.

Para todos

Demos la impresión de estar en forma. La forma física es la imagen global que damos de nosotros a los demás; por tanto, la cultivaremos mediante el ejercicio físico y cuidando los pequeños signos externos: la voz; la mirada; la sonrisa; cómo estrechamos la mano; los movimientos y la manera de desplazarnos... Todo esto transmite nuestro entusiasmo y dinamismo.

Sus preguntas y nuestras respuestas

La formación

¿Qué formación tiene? ¿Cómo la escogió?

La importancia de la formación decrece a medida que se va acumulando la experiencia profesional. No obstante, sea cual sea nuestra situación, esta pregunta siempre se plantea. Además, hemos de contribuir a mantener la reputación de la escuela o la universidad en la que nos formamos.

• Si procedemos de una buena escuela de comercio o de ingenieros o de una universidad muy conocida, no hace falta que nos extendamos, pero si consideramos que nuestra formación no se conoce bien o se juzga de manera insuficiente, podemos aprovechar para decir que tuvimos unos profesores excelentes o que hubo unos cursos muy interesantes y que, gracias a la calidad de esta formación, decidimos especializarnos en esta dirección. En cuanto a la elección de nuestra trayectoria, puede responder a una vocación familiar, a un consejo dado en el momento preciso o, simplemente, a una inclinación personal hacia un tipo de estudios y actividades. Nos podemos extender en las etapas que hayamos cursado en nuestros estudios, en las actividades que realizamos en el centro, si nos parecen interesantes.

• Si somos autodidactas y no tenemos una formación particular, podemos compensar la falta de estudios con un buen comienzo en nuestra carrera profesional. Hay que sacarle partido a este aspecto para demostrar que nuestra formación sobre el terreno ha sido bien dirigida por una empresa de calidad o por nuestro superior inmediato de entonces.

- Si somos principiantes, esta pregunta es muy importante. Entonces tendremos que desarrollar la respuesta, insistiendo en los aspectos que guarden una relación directa con el puesto de trabajo al que aspiramos.

Atención. En materia de formación, así como en materia de experiencia profesional, no debemos nunca intentar engañar a nuestro interlocutor.

Resulta muy fácil para un especialista en contratación de personal verificar los datos. Que llegaran a descubrir un título falso incluido en el currículum vítae, supondría un rechazo total a nuestra solicitud y la puerta de salida de la empresa, incluso habiendo conseguido entrar a formar parte de ella. Resulta mucho más eficaz asumir nuestra formación real y otorgarle un valor.

¿Qué títulos ha obtenido?

Podemos aplicar aquí lo que hemos dicho en el apartado anterior. Se trata de otorgar un valor a los títulos que hayamos obtenido, y citar también todas nuestras capacitaciones y títulos complementarios, especialmente los referidos a los idiomas.

Al hablar del bachillerato, mencionaremos nuestra especialidad y nuestras notas finales. Si nos preparamos para unas pruebas de acceso específicas a una facultad o escuela superior, citemos el centro donde realizamos dicha preparación, o bien la universidad donde obtuvimos el título.

Hay que ser competitivo: seguramente la escuela o universidad donde estudiamos compite también con otros centros; no debemos dudar en exponer en qué aspectos creemos que destaca.

Cuando era estudiante, ¿qué asignaturas le gustaban más? ¿Y cuáles le gustaban menos?

Esta es una pregunta típica para principiantes, que pierde interés a medida que la experiencia va ganándole el terreno a los estudios. Procuremos escoger, entre las que citemos, algunas que estén directamente relacionadas con el puesto de trabajo para el que se nos entrevista. No dudemos en extendernos acerca del tipo de interés que nos despertaban estas asignaturas y de lo que nos han aportado en el plano personal y profesional...

Como siempre, trataremos de ser concisos, construyendo la respuesta de forma lógica.

¿En qué asignaturas destacaba usted en clase? ¿Por qué?

Esta pregunta se plantea generalmente a los principiantes y a los más jóvenes, con poca experiencia laboral. Seguramente hubo una asignatura que nos gustaba más que las otras, pero ¿por qué? ¿Porque el profesor sabía motivarnos? ¿Porque se nos daba muy bien?

A menudo, obtenemos mejores calificaciones en las asignaturas que más nos gustan. ¿Se trata, en este caso, de una asignatura útil al puesto de trabajo ofertado? Sea como sea, si explicamos por qué nos gustaba o por qué obteníamos buenas notas en una o varias asignaturas, hagámoslo de manera coherente con nuestra personalidad y nuestros gustos.

¿Cree usted que realizó los estudios para los que tenía más aptitudes? ¿Por qué?

En nuestra opinión, la respuesta a una pregunta de este tipo ha de ser siempre sí, salvo si de forma manifiesta tenemos una trayectoria profesional totalmente distinta. Igualmente, nuestra explicación será más sencilla, siempre y cuando hayamos superado con éxito los estudios. No obstante, si tuvimos que dejar los estudios por causas externas, familiares o personales, podemos comentar que nos habría gustado concluirlos (puntualizando, quizás, que una experiencia suficiente o una formación complementaria lo compensa).

Sea cual sea nuestra trayectoria, hay que evitar insistir en el pasado, aunque se nos incite a hacerlo, y centrarnos sobre todo en los aspectos en que deseamos mejorar nuestra formación y progresar.

Si empezara sus estudios de nuevo, ¿estudiaría lo mismo?

Generalmente, la respuesta es sí. Sin embargo, es posible que las circunstancias familiares o de otro tipo nos hayan obligado a abandonar los estudios antes de lo que hubiéramos deseado.

Seguramente hubiéramos ido avanzando en ellos y, quizás, hubiéramos accedido a la vía profesional en mejores condiciones, pero aprovecharemos para decir que en este caso no habríamos adquirido la experiencia que nos ha sido de tanta utilidad. En otras palabras: sí, podríamos haber ido más lejos, pero por otra parte lo que hemos hecho es muy interesante y especialmente adecuado para el puesto de trabajo para el cual nos están entrevistando.

¿Ha realizado prácticas de formación? ¿Cuáles? ¿Por qué?

No hace falta insistir en la importancia de los periodos de prácticas: son el complemento indispensable de una buena formación, aún más si estudiamos en la universidad o en un entorno alejado de la empresa.

La confrontación con la empresa supone muy a menudo un choque. Así pues, contar con este tipo de experiencia es interesante puesto que no solemos tener muchas ocasiones de conocer el ambiente de una empresa. Todos los periodos de prácticas y todos los trabajos de verano son útiles, pero los mejores son los que nos dan la oportunidad de tener un superior que nos considere realmente un empleado capaz, nos confíe responsabilidades y, a la vez, nos ayude en nuestra formación.

Hay que ser cuidadoso a la hora de escoger las prácticas, puesto que nos serán útiles. En relación con la pregunta, se trata de valorar lo que las prácticas nos han aportado profesionalmente y lo que hemos contribuido a hacer en la empresa.

¿Qué aprendió en las prácticas?

En este nivel resulta importante otorgar valor al contenido de las prácticas.

Podemos hablar de nuestras funciones en la empresa, de la cualidades y defectos de esta, del responsable de las prácticas (un buen profesional que nos ha hecho participar de un proyecto), de lo provechosa que nos ha resultado su tutoría, y de las dificultades y las lecciones que hemos sabido extraer de ellas.

¿Qué idiomas habla?

Comentaremos las lenguas que sabemos precisando nuestro nivel actual oral y escrito. ¡Aquí tampoco podemos engañar a nadie! De todos modos, si hay un idioma indispensable para el puesto, seguramente tarde o temprano nos harán un examen.

En algunos casos, los especialistas en contratación de personal pasan sin previo aviso de la lengua de comunicación habitual al idioma extranjero requerido. Entonces, debemos responder en esta lengua, ¡a no ser que no la hablemos! Para prevenir este tipo de sorpresas, a la pregunta «¿Habla usted...?» podemos responder en el idioma en cuestión.

¿Ha pasado alguna temporada en el extranjero?

No menospreciemos nuestros viajes: incluso unas vacaciones en Francia, Italia u otros países pueden proporcionarnos un barniz de conocimientos de un idioma y una cultura diferentes a la nuestra.

• Que hayamos vivido en otro país, aunque haya sido durante la infancia, es un hecho que interesará a nuestro interlocutor por la repercusión en nuestra personalidad y cosmopolitismo.

• Si hemos trabajado o estudiado en otro país, todavía resulta más interesante. Por tanto, le otorgaremos a este hecho el valor que le corresponde (que nos sitúa a cierta distancia de muchos otros competidores para el puesto de trabajo).

¿Estaría dispuesto a retomar los estudios si nosotros se lo pidiésemos?

He aquí una buena señal. Parece que nuestro interlocutor se ha formado una buena opinión de nosotros, puesto que contempla la posibilidad de pagarnos unos estudios. Aun así no debemos echar las campanas al vuelo antes de tiempo; después de todo, puede que no sea más que una pregunta rutinaria, cuya respuesta debe ser evidentemente afirmativa: ¿por qué rechazar la formación complementaria que nos propone un superior? No obstante, hemos de indagar sobre las condiciones y oportunidades posteriores.

En efecto, si intervienen en nuestra formación, también juzgarán nuestra capacidad de asimilar técnicas y/o datos; puede ser que el puesto de trabajo dependa de ello. Hemos de valorar si merece la pena aceptar esta estrategia: tendremos que releer con atención nuestro contrato de trabajo para esclarecer cuáles son las condiciones vinculadas a esta formación.

La experiencia

Hábleme de su experiencia profesional

Esta es una de las primeras preguntas que nos plantearán. Hay que dar una respuesta clara y suficientemente concisa, poniendo énfasis en los puntos fuertes de nuestra experiencia y apoyándonos en hechos, cifras y resultados. Obviamente nuestras explicaciones serán más o menos largas en función de la importancia de nuestra experiencia. De todos modos, hay que evitar extenderse y ocupar más de un cuarto de hora. Si desea alguna precisión nuestro interlocutor ya nos la pedirá, y esto nos permitirá extendernos en aquellos aspectos de nuestra experiencia que le interesen y no en aquellos que le son indiferentes.

Lo mejor es empezar por el principio, y relatar cronológicamente, puesto que resulta más fácil de dosificar y también de seguir.

Si es necesario, explicaremos las causas por las cuales hemos cambiado de empleo, alegando motivos que puedan tener interés para el puesto de trabajo solicitado (la ampliación de nuestras responsabilidades es mejor motivo que el atractivo que supone un sueldo mayor).

Esto último parece evidente: si nos centramos en el sueldo nos arriesgamos a parecer unos oportunistas interesados únicamente en lo atractivo que resulta ganar dinero.

La última parte de nuestra respuesta hará referencia al empleo actual y, por tanto, la dilataremos un poco más. Acabaremos con una explicación corta de los motivos que nos han llevado a participar en esta entrevista.

¿Cuáles son sus responsabilidades actuales o bien las de su último empleo?

Esta pregunta complementa la anterior: por tanto, deberemos atenernos exactamente a los mismos principios, aunque la respuesta sea bastante más corta. Nos centraremos en el momento más reciente de nuestra carrera profesional y nos ceñiremos a ella, fijándonos en su entorno concreto, mencionando el tamaño de la empresa, el número de trabajadores, su objetivo y, finalmente, los servicios que nosotros le prestamos. Daremos cuenta de nuestra situación en el organigrama, mencionando tanto el nombre y las capacidades de nuestros subordinados como las relaciones no jerárquicas que hayamos podido mantener con el resto de servicios internos o externos a la empresa.

Una vez hechas estas precisiones, ya entraremos a describir nuestras responsabilidades, tanto si son directas como si son compartidas con otras personas y/o servicios.

No tratemos de engañar, ni tan sólo de exagerar los datos: los profesionales de la contratación de personal (consultores, directores de recursos humanos, etc.) saben cómo descodificar o cruzar sus informaciones para verificar las nuestras.

Los profesionales de nuestra misma especialidad también tendrán información de nuestro entorno, ya que comparten nuestros conocimientos de este mercado.

¿Ha dejado su último empleo? ¿Por qué?

Si actualmente estamos trabajando, es fácil responder a esta pregunta. La circunstancia responde en parte por nosotros y nos permite hablar sobre los motivos que nos han llevado a citarnos con nuestro interlocutor. Nuestros motivos se apoyan, entonces, en la experiencia adquirida en nuestro empleo actual, y versarán sobre la falta de oportunidades a corto plazo para sacar un mejor provecho de esta experiencia. Hablaremos también de la aportación que puede representar nuestra incorporación a la empresa que contrate nuestros servicios...

Si en este momento no estamos trabajando, en general debemos evitar intentar dar la impresión contraria. En este caso es importante haber preparado con anticipación la versión oficial de nuestra partida: una versión simple y concisa, verdadera (al menos en los aspectos que mencionemos) y positiva tanto para nosotros como para nuestra antigua empresa o superior. Además, es importante que dicha versión sea convenida y pactada de antemano con él para que pueda confirmarse en el caso de futuras comprobaciones de referencias.

¿Cuáles han sido sus principales responsabilidades?

A estas alturas de la entrevista ya habremos expuesto de forma concisa nuestra experiencia, y quizás despertado el interés de nuestro interlocutor acerca de ciertos aspectos de nuestra carrera profesional. Pero desea obtener más detalles sin desvelar todavía qué aspectos de nuestra candidatura le interesan más.

Hagamos una selección de las responsabilidades que nos parezcan más significativas de nuestra trayectoria, destacando las cualidades que requerían, los resultados concretos que obtuvo la empresa y la experiencia que adquirimos desempeñándolas.

También aquí hemos de ser concisos y claros, y tratar de ceñirnos a lo que nos parece que quiere saber nuestro interlocutor, ayudándole a sintetizar cada una de estas responsabilidades.

Pero cuidado: no se trata de atribuirnos todos los méritos. Para un profesional es fácil distinguir las verdaderas responsabilidades de las compartidas con otras personas. Es preciso, pues, que diferenciemos las responsabilidades compartidas de las responsabilidades directas.

Hay que recordar, también, que *responsabilidad* no debe confundirse con *realización*: una responsabilidad implica que hay que responder de algo, y que el hecho de no cumplir con ello puede costarnos una reprimenda.

Por ello, para responder bien a una pregunta del tipo: «¿Era usted el responsable de esto?», es mejor plantearse a su vez la pregunta: «¿Quién habría tenido que rendir cuentas si aquello no hubiera funcionado?». Si la respuesta es «yo», es que nosotros éramos los responsables... Así pues, ya podemos contestar a la pregunta pero sin extendernos demasiado en detalles, excepto para apoyar la explicación con un ejemplo concreto.

¿Con qué problemas se encontró? ¿Qué soluciones aportó? ¿Qué resultados obtuvo?

No es muy común que nos planteen estas tres preguntas juntas. Pero son una ocasión de demostrar, a partir de la primera, que somos profesionales y sabemos asumir los problemas que se nos presentan y encontrar soluciones eficaces y que conduzcan a resultados positivos.

Debemos escoger bien los ejemplos. Han de ser variados, útiles para nuestra argumentación y no muy numerosos. También podemos utilizar ejemplos extraprofesionales si demuestran lo que queremos decir: todos nosotros hemos tenido ocasiones de resolver problemas más o menos complicados en el contexto de unos estudios o unas actividades de ocio (en clubes deportivos, asociaciones, etc.).

¿Ha experimentado algún fracaso?

¡Atención, no respondamos nunca que no! Las personas que jamás han experimentado ningún fracaso son como aquellas que montan a caballo y nunca se han caído; por tanto, su experiencia es incompleta. La verdadera experiencia se construye tanto sobre los éxitos como sobre los fracasos, a condición de que sepamos extraer alguna lección útil para experiencias futuras.

Hablaremos pues tranquilamente de algún tropiezo, no demasiado serio, enfocándolo desde sus aspectos positivos. Comentaremos, si las hubo, las consecuencias negativas para la empresa, aunque sin gravedad, y la experiencia que adquirimos. Es como una vacuna, que sirve para inmunizarnos de la enfermedad. Si, además, la responsabilidad del contratiempo fue compartida, siempre suavizará el efecto negativo que le pudiera causar a nuestro interlocutor.

¿Ha estado sin empleo durante los últimos cinco años? ¿Durante cuánto tiempo?

Si la respuesta es sí, nos prepararemos de forma específica. Si desde entonces hemos encontrado un empleo, expliquemos claramente las circunstancias que nos condujeron a dejar la empresa anterior sin desarrollar demasiado los puntos conflictivos, si es que hubo alguno, e insistiendo en las acciones con que contribuimos a la marcha de esta empresa. Mencionemos la situación que produjo diferencias de punto de vista estratégico y que nos colocó en una posición incómoda, resuelta en forma de un acuerdo amistoso. El hecho de haber encontrado otro trabajo demuestra que otra empresa confió en nosotros, e inspirará confianza en nuestro interlocutor actual.

Si estamos todavía sin empleo, aún es más importante que construyamos bien nuestra respuesta, dado que nuestro interlocutor tenderá a no confiar de entrada en nosotros.

Si entramos en detalles acerca de nuestro conflicto con nuestro antiguo superior, no inspiraremos confianza. Es mejor que tratemos de apoyarnos en factores externos de tipo económico, como la adquisición de la empresa por parte de otro grupo empresarial (que ha colocado a personal propio en los puestos de trabajo), una reducción de plantilla u otros factores que no ponen en duda nuestra competencia profesional ni nuestra personalidad.

No obstante, aquí no se acaba: incluso en el caso de que hubiera una causa clara de tipo económico, nuestro interlocutor se preguntará por qué nos eligieron a nosotros para rescindirnos el contrato en vez de a otra persona. En este punto también es mejor aducir motivos económicos del tipo: «Yo era el mejor pagado de todo el equipo».

Para que nuestro interlocutor confíe más en nosotros, le proporcionaremos algunas referencias, es decir, nombres de profesionales a los que puede dirigirse para preguntar sobre nosotros. Hay que seleccionarlas bien, puesto que una opinión negativa sería desastrosa.

No confiemos en que las personas que demos como referencia nos hayan de proteger si no creen que estemos capacitados para el puesto de trabajo al que aspiramos: se juegan su propia reputación. Además los profesionales de la contratación de personal saben muy bien cómo obtener sus referencias, yendo más allá de un simple «trabaja bien» para obtener una opinión demostrable con los hechos.

En resumen, debemos preparar una respuesta sencilla y plausible, sin ocultar la verdad pero adornándola lo mejor posible.

¿Alguna vez ha tenido que despedir a alguien?

Cuando una persona tiene responsabilidades de tipo jerárquico, siempre hay algún momento en que se encuentra en esta situación. Si la respuesta es no, no tenemos por qué hacer ver que sí, puesto que esto no forma parte del conjunto de cualidades necesarias para un director. No obstante, nos extenderemos un poco, explicando por ejemplo que aunque creemos que el modo más eficaz de hacer progresar a nuestros colaboradores es mediante una formación adecuada y una buena gestión de los recursos humanos (en particular de las entrevistas de evaluación), hay casos en que la única solución posible consiste en el despido, y diciendo que no dudaríamos en recurrir a este extremo si estuviéramos seguros de que se han examinado todas las soluciones posibles. Este tipo de respuesta también la puede dar un principiante a quien se le planteara la pregunta siguiente: ¿cree que alguna vez tendrá que despedir a alguien?

Si la respuesta es afirmativa, expliquemos de forma sucinta por qué se puede llegar a esta situación y cómo la plantearíamos para que no tuviera consecuencias negativas, ni para la empresa ni para la vida personal del colaborador afectado (aún más si se tratara de un despido por motivos económicos).

Entre las funciones que ha ejercido, ¿cuáles son las que más le han satisfecho? ¿Por qué?

Para responder a esta pregunta es necesario tener en cuenta:

— por una parte, la evolución de nuestra experiencia profesional. ¿Hemos evolucionado dentro de la misma especialidad o hemos cambiado en el transcurso de nuestra trayectoria?

— por otra parte, con relación a nuestro proyecto, dicha experiencia profesional ¿representa una continuidad o una ruptura?

Pensemos también que la pregunta «¿qué funciones le gustaban menos?» puede plantearse a continuación de la precedente. Deberemos anticiparnos a ella y buscar una respuesta que contemple ambos aspectos y que haga que nuestro proyecto profesional parezca más coherente.

¡Hábleme de usted!

Es difícil encontrar una pregunta que se ajuste más que esta a la tipología de las preguntas abiertas. Muchas personas explican su vida con abundantes detalles, generalmente inútiles, sin darse cuenta de que a su interlocutor, sobre todo si es mediodía, le invade una dulce somnolencia...

Nos prepararemos para responder a esta pregunta frecuente de la manera más sucinta posible, procurando que nuestra presentación dure sólo unos minutos (algo menos de cinco minutos es un buen objetivo, aunque dependerá de la variedad de nuestra experiencia profesional).

Podemos indicar a nuestro interlocutor que nos presentaremos brevemente y, a continuación, decirle si desea hacernos alguna otra pregunta o quiere que nos extendamos en alguna etapa de nuestra trayectoria profesional. De este modo sabremos qué temas y qué aspectos de nuestra vida profesional le interesan más. Nuestro interlocutor apreciará nuestra sobriedad y la precisión de nuestros argumentos.

El entorno

¿Tiene usted buena salud?

¡Sobre todo, no pensemos que es una pregunta ilegal! Es legal y se justifica perfectamente, mientras permanezca dentro de unas normas que consisten en verificar que somos «aptos» para el trabajo. Con este objeto nos harán acudir a una revisión obligatoria, en el marco de la medicina laboral.

Se trata sólo de confirmar que estamos capacitados para realizar el trabajo solicitado, sin perjudicar nuestra salud ni la de los demás. El médico de empresa determinará si somos aptos o no para el futuro empleo.

¿Gozamos de buena salud? La respuesta es sistemáticamente afirmativa, salvo en el caso de que padezcamos una enfermedad crónica que nos obligue a ausentarnos periódicamente del trabajo. En este caso, es necesario ser sincero.

¿Se fatiga con facilidad?

Hay que estar atentos, puesto que más que en el campo de la salud, estamos en el de la resistencia física al trabajo, que a menudo se traduce en resistencia al estrés, ya que las respuestas mentales y físicas en las personas están siempre íntimamente relacionadas entre sí.

La clave de la respuesta está en la capacidad de trabajo que, desde la perspectiva de la empresa que nos va a contratar y, por tanto, de nuestro interlocutor, debe ser mucha. Hemos de ponernos en su lugar y pensar que es mucho más agradable trabajar con una persona entusiasta, a punto siempre para implicarse, que con alguien que está permanentemente cansado y de mal humor... Por tanto, debemos demostrar el mismo entusiasmo que nos gustaría encontrar en nuestros subordinados y colaboradores.

¿Se cansa alguna vez?

Claro que sí. ¿Quién no se cansa alguna vez? Retomemos el mismo tipo de respuesta que preparamos para la pregunta anterior: tenemos una gran capacidad de trabajo y se puede contar con nosotros cuando sea necesario hacer un esfuerzo en un momento dado. No obstante, también necesitamos reposo de vez en cuando. Por eso existen las vacaciones y los fines de semana...

¿Tiene necesidad de dormir?

La naturaleza nos otorga una capacidad de trabajo y una necesidad de sueño difíciles de cambiar. Si nos plantean esta pregunta, hemos de ser sinceros y no tratar de excusarnos: si formamos parte de aquel grupo de individuos excepcionales que sólo necesitan cuatro horas diarias de sueño o bien si, al contrario, dormimos un mínimo de diez horas, intentaremos permanecer dentro de una norma aceptable con una respuesta del tipo: «de 4 a 7 horas cada noche» o «hasta 10 horas».

Por otra parte, si para ser eficientes necesitamos un cuarto de hora de siesta al día, hay que comentarlo en un momento u otro, para evitar sorprender a quien nos encuentre dormidos ante el escritorio después de comer. En principio, este cuarto de hora debe deducirse del tiempo de la comida y no de las horas de trabajo...

¿Cuál es (o era) la profesión de su padre o de su madre?

Si nos parece que es una pregunta indiscreta, trataremos de no demostrarlo. De hecho, tampoco es una verdadera indiscreción, sino un medio para conocer nuestro entorno y verificar que ciertos aspectos del ambiente de nuestro futuro puesto de trabajo no son del todo incompatibles con nuestra personalidad.

El ejemplo siguiente ilustra bien el sentido de esta pregunta: una importante empresa de alimentación francesa contrató, en una ocasión, al hijo del director de uno de sus principales competidores. Si le hubieran hecho esta pregunta, quizás esta situación tan delicada no se habría producido... y el riesgo de equivocación habría sido menor...

Así pues, responderemos a la pregunta sin falsas reticencias y esto contribuirá a mantener un clima sereno y confiado en la entrevista.

¿Tiene hermanos y hermanas? ¿A qué se dedican?

Aquí ya empezamos a pensar: «Pero... ¿hasta qué nivel del árbol genealógico tendré que remontarme para satisfacer el ansia de información sobre mi familia que parece tener mi interlocutor?». En principio, no tiene por qué ir más lejos, pero si mencionamos un hecho o dos, precisos y sin detalles superfluos, se satisfará su curiosidad.

¿Está usted casado? ¿Se trata de su primer matrimonio?

En estos días, si decimos que somos solteros nos van a preguntar igualmente si realmente lo somos o si tenemos una pareja estable.

Todas estas preguntas comparten el mismo objetivo: cuanto mejor nos conozcan, mejor nos podrán valorar. Esto no significa que haya buenas o malas respuestas. Algunas empresas quieren saber si los futuros empleados son personas con una vida personal estable sin muchas preocupaciones domésticas, y que puedan concentrarse casi exclusivamente en los asuntos de trabajo.

¿Su cónyuge tiene una actividad profesional? ¿Cuál?

Se trata de una pregunta importante, por posibles motivos de competencia y para poder valorar nuestra disponibilidad.

Sobre todo a las mujeres, a menudo les resulta oportuno tranquilizar a la empresa que le proporcionará el empleo o a su superior acerca del hecho de ser una persona bien organizada, que puede recurrir a terceros para que cuiden de sus hijos si es necesario (días festivos de la escuela, enfermedades, etc.), y aún más si vive sola y tiene a su cuidado a hijos pequeños. Y atención, este no es el momento de pedir una autorización para salir a una hora determinada para ir a recoger a los niños al colegio. Es tarea nuestra organizarnos en función de los horarios de trabajo y conciliar ambos aspectos de nuestra vida...

¿Tiene hijos? ¿Qué edad tienen?

No hace falta que proporcionemos muchos detalles al respecto, salvo en el caso de que, una mujer, considere necesario puntualizar que la organización de su vida personal supone que el hecho de cuidar a los hijos no interfiera en su trabajo.

¿Es propietario de su vivienda?

Este detalle es importante, puesto que el ser propietario puede ser un impedimento para mudarnos en caso de que tengamos que acercarnos al lugar de trabajo o, también, por un posible traslado de la empresa a otro lugar.

No obstante, puede ser que aun viviendo en un piso de alquiler no queramos trasladarnos y, por el contrario, siendo propietarios estemos siempre dispuestos al cambio: se trata más de una cuestión de mentalidad que de otra cosa. Por tanto, responderemos a esta pregunta, y seguramente nos harán otras relacionadas con nuestra movilidad en general.

¿Dispone de automóvil?

Si el trabajo requiere disponer de automóvil, podemos aprovechar esta pregunta para preguntar sobre la política de la empresa en materia de coches y dietas por kilometraje. No obstante, no debemos investigar demasiado, puesto que estaríamos en la misma situación que aquel que pregunta por el sueldo antes de interesarse por las funciones del puesto.

De todas formas, si se negocia el sueldo, se ha de tener en cuenta el hecho de disponer de un coche de empresa, el tipo de coche y su repercusión en nuestra remuneración. Así pues, no podemos despreciar este factor, que añade un valor importante en el cómputo de nuestra retribución personal.

Nuestra situación de partida

¿Cuál es su sueldo actual?

¡Por fin una pregunta sencilla! No dudemos en mencionar nuestro sueldo actual (el sueldo bruto según una base anual), especificando la parte variable, si es que la hay. No hace falta indicar si dicha parte variable ha cambiado durante el último año y en qué medida, a no ser que nos lo pregunten.

Si se presenta la ocasión, acordémonos de citar nuestras retribuciones en especies y si disponemos o no de coche de empresa. No obstante, todavía no es el momento de manifestar nuestras expectativas económicas. Seguro que habrá otras ocasiones para exponerlas, porque seguramente nos las preguntarán. Además, es preferible hablar de las remuneraciones en último lugar.

• Si estamos buscando trabajo, mencionaremos nuestro último sueldo siguiendo los mismos principios.

• Si se trata del primer empleo, probablemente nos preguntarán cuáles son nuestras pretensiones económicas. Dar una cifra es difícil y comprometido, pero en cambio nos podemos referir a las estadísticas que se pueden consultar en los centros de estudios o en las revistas especializadas para trabajadores del sector y de un nivel parecido al nuestro. También podemos comentar que, más que la remuneración, lo que nos motiva es el interés por el puesto de trabajo.

¿Qué lugar ocupa en el organigrama de su empresa?

Esta pregunta es muy importante para nuestro interlocutor, ya que nuestra respuesta le permitirá determinar exactamente cuál es nuestro papel en la empresa con relación a las funciones que se nos encomiendan.

Podemos ayudarnos con un esquema del organigrama, indicando el número de subordinados o personas que tenemos a nuestro cargo.

Mencionaremos también los cargos de cada nivel representado en el organigrama y cómo se reparten todas las responsabilidades entre los diversos empleados.

El hecho de que en este momento estemos desempleados no tiene por qué hacer variar nuestra respuesta: simplemente describiremos la última situación de trabajo, y diremos, si acaso, de qué modo se reemplazó nuestro puesto. Esta precisión la haremos sólo si juega a nuestro favor.

¿Se ha puesto en contacto con otras empresas?

¡Claro que sí! En principio, todos los candidatos entran en contacto con más de una empresa. Se da el caso contrario si ya estamos trabajando pero nos interesa una empresa determinada, a veces por una propuesta por parte de una agencia de colocación. En este caso, lo que compite con la nueva oferta es precisamente nuestro puesto dentro de la empresa en la que estamos trabajando.

Dar a entender que nuestro futuro no depende sólo de nuestro interlocutor del momento nos es conveniente. De esta manera, nuestro interlocutor se esforzará en todos los sentidos para convencernos de que la oferta de su empresa es la más interesante. Si bien se trata de hacernos atractivos a la empresa que oferta el puesto, es mejor no forzar la situación, para que no parezca que carecemos de motivación, lo que nos podría resultar perjudicial. No dudemos, pues, en mencionar otras propuestas que nos hayan parecido interesantes, quizás no tanto como la presente, y de las que aún esperamos obtener más detalle.

Si nos han concedido un plazo para decidir nuestra incorporación a otra empresa, lo podemos mencionar (si es un plazo breve, quizás incitará a nuestro interlocutor a acelerar un poco su decisión, cosa que puede sernos favorable). En general, nuestro interlocutor intentará que el tiempo juegue a su favor, puesto que a nadie le gusta tomar una decisión si se siente acuciado.

Aunque seamos principiantes o en este momento estemos desempleados, aplicaremos los mismos principios.

¿Tiene otras ofertas?

Como en el caso anterior, la respuesta es sí. Podemos dar a entender que las otras propuestas están más o menos avanzadas, según la presión que queramos hacer sobre nuestro interlocutor.

Aunque hay que ser sincero en la descripción de nuestra situación (y además resulta muy fácil descubrir un farol), una pregunta como esta implica que seguramente existen elementos negociables (de tiempo o remuneración), que debemos saber gestionar como si se tratara de una negociación comercial.

¿Cuánto tiempo hace que busca un empleo?

Evidentemente, esta pregunta concierne sólo a los principiantes y a las personas sin empleo. Desde 1992, la duración media de las búsquedas de empleo se ha alargado, y al mismo tiempo ha aumentado el esfuerzo necesario para superarlas con éxito. En principio, la duración de la búsqueda, si es menor de nueve meses, no tiene por qué sorprender a nadie. Si el intervalo es mayor, nuestro interlocutor se sentirá inclinado quizás a plantearnos preguntas acerca de los motivos de no haber encontrado empleo durante este tiempo. Entonces entra en juego la necesidad de tranquilizar a nuestro futuro superior ante una situación que parece poco habitual, y proporcionarle información sobre otras posibles propuestas de trabajo. Le podemos explicar que nos han considerado para otras ofertas de trabajo, que hemos participado en otros procesos de selección y que a menudo hemos quedado en un buen lugar, aunque se hayan decidido por otro candidato, o bien sin que se haya llegado a concretar la oferta todavía.

¿Cómo reacciona ante esta situación?

Esta pregunta es la continuación lógica de la precedente, sobre todo si hace ya algún tiempo que buscamos trabajo. Nuestro interlocutor hace un paréntesis para interesarse por nuestro caso personal, lo que en cierto sentido es una buena señal, puesto que puede darnos algunos consejos útiles. Si bien puede ser que en esta ocasión no nos ofrezcan la plaza vacante, este contacto puede convertirse en un punto de referencia valioso para nuestra búsqueda futura.

A esta pregunta, por tanto, podemos responder con nuestro plan de búsqueda de trabajo, procurando dar a entender que se trata de un plan que llevamos a cabo como resultado de una reflexión previa (a partir de unos objetivos y con una estrategia concreta). Para nosotros es otra oportunidad de dar a conocer a nuestro interlocutor la capacidad que tenemos para actuar en circunstancias poco habituales y estresantes.

Si somos principiantes, la pregunta es todavía más importante, puesto que tenemos que demostrar que somos organizados y capaces de llevar a cabo una acción a largo plazo con ánimo y perseverancia.

¿Se encuentra usted en una situación de *outplacement* (o «proceso de recolocación de directivos»)?

Si estamos en esta situación de proceso de recolocación, no debemos disimularlo.

Nuestro interlocutor, sobre todo si es un profesional de la contratación de personal, se dará cuenta sólo con leer el currículum o a partir de la manera de presentarnos.

Hemos de responder que, efectivamente, hemos consultado con un especialista que nos ha aconsejado sobre los métodos de búsqueda de trabajo, y que esto nos ha permitido definir con precisión nuestros objetivos y tratar a un profesional que ha sabido responder a nuestras inquietudes.

Nuestras explicaciones contribuirán a tranquilizar a nuestro interlocutor sobre los conocimientos que tenemos acerca de nosotros mismos y sobre lo que podemos aportar, además de conocer las condiciones en que se produjo la ruptura con la empresa para la que trabajábamos anteriormente: ¡no a todo el mundo le ofrecen un *outplacement*!

Si nos interrogan acerca de esta experiencia, seremos concisos, porque tenemos que tratar de «vendernos» a nosotros, y no al *outplacement*.

74

¿Se corresponde su trayectoria profesional con sus intereses?

Evitemos responder solamente «sí» (y, evidentemente, no podemos decir «no»). El pasado no lo podemos cambiar. Una carrera profesional suele estar jalonada de logros y fracasos, si lo analizamos desde un punto de vista imparcial, sin ser ni muy optimista ni muy pesimista. Tanto unos como otros han de tenerse en cuenta: los logros son nuestros puntos de apoyo, mientras que los fracasos representan aquellas situaciones que debemos evitar repetir.

Nuestra respuesta ha de convencer a nuestro interlocutor de que el proyecto que nos ha traído hasta aquí se corresponde con nuestros intereses. Nuestra credibilidad se fundamenta en los hechos, que le indicamos brevemente, y que detallaremos a continuación si nuestro interlocutor lo desea.

Si hace más de diez años que trabajamos en el mismo sitio, comentemos los factores que hayan contribuido a la variedad y a la riqueza de nuestra experiencia. Por el contrario, si en un periodo breve hemos cambiado de trabajado diversas veces, será preciso que demos coherencia a nuestra trayectoria. Si estamos sin empleo, conservemos un tono optimista.

¿Qué le gustaría mejorar en usted?

Recordemos el significado: mejorar es hacer que sea mejor. Lo tendremos que decidir, pero sin que sea necesario (ni conveniente) lamentarse de una carencia importante. Hablemos simplemente de un campo en el que ya seamos competentes y podamos demostrarlo, y en el que podamos destacar todavía más.

Podemos aprovechar para tranquilizar a nuestro interlocutor abordando el campo en el que él es especialista. Por ejemplo, si somos principiantes, seguramente apreciará que manifestemos el deseo de mejorar nuestros conocimientos del mundo empresarial; en el caso de que hayamos cambiado de trabajo durante los últimos años, convendrá que comentemos el deseo de aprovechar

75

lo mejor posible la riqueza de una experiencia variada, que puede interpretarse como la voluntad de una mayor estabilidad.

¿Por qué no ha encontrado empleo todavía?

Cuando un interlocutor plantea esta pregunta, hemos de tranquilizarlo en este sentido: ¿somos un buen candidato aunque, en su opinión, ya hace mucho tiempo que estamos sin empleo? Evitemos debatir sobre la duración media de una búsqueda de empleo según las estadísticas o sobre la falta de oportunidades: es un tipo de argumento que seguramente no le interesará.

Es mejor seguir el tipo de argumentación de nuestro interlocutor: nuestro objetivo es desde el principio encontrar un nuevo empleo en el cual podamos ofrecer lo mejor de nosotros mismos... Hemos tenido numerosas ofertas, con propuestas concretas y, si todavía no hemos aceptado ninguna es porque nos gustaría aceptarlas sin restricciones. Sin embargo, hemos de tener cuidado de no exagerar demasiado.

Si interrumpimos nuestra búsqueda de trabajo para dedicarnos a nuestra formación, habremos de convencerle de que merecía la pena y de que constituye un valor añadido a nuestra candidatura.

Si somos principiantes, podemos exponer a nuestro interlocutor el plan de acción que seguimos y nuestras esperanzas al respecto; de hecho, incluso podemos pedirle algún consejo para que nuestra búsqueda sea más eficaz.

¿Para qué tipo de proyecto (o funciones) nos sentimos mejor preparados?

¡He aquí una excelente pregunta!

• Si estamos bien preparados y analizamos adecuadamente nuestra experiencia profesional, responderemos fácilmente a esta pregunta, indicando claramente a nuestro interlocutor dónde está nuestro valor añadido. Conviene poner ejemplos que ilustren nuestras afirmaciones, como: «Hoy en día, pienso que estoy especialmente preparado para... [proyectos, funciones]. En concreto, por ejemplo...».

• Si somos principiantes, nos costará un poco más ser tan afirmativos. Sin embargo, nuestra formación y preferencias (incluso por determinadas asignaturas) y la experiencia que hayamos adquirido en los periodos de prácticas nos permitirán responder de manera consistente.

• Si en los últimos años hemos cambiado a menudo de trabajo y/o de funciones, destacaremos la riqueza de nuestra experiencia y la seguridad que nos ha aportado.

Entre un puesto operativo y un puesto funcional, ¿cuál elegiría?

Este tipo de pregunta se habrá planteado en una entrevista previa, en que aún no supiéramos exactamente el tipo de trabajo que requieren y nos ofrecen. Para evitar comprometernos demasiado, basaremos nuestra respuesta en la experiencia acumulada y en nuestras inclinaciones. Por ejemplo: «Tiendo a ser más operativo que funcional, aunque obtengo buenos resultados tanto en un campo como en el otro», o bien: «Después de varios cargos sobre todo funcionales, ahora me gustaría ejercer responsabilidades más operativas, y pienso que es posible porque...».

En este caso, podemos apoyarnos en ejemplos extraprofesionales para dar validez, ante los ojos de nuestro interlocutor, a cualquier cambio de trayectoria que quizá le inquiete.

Si somos principiantes, nuestras inclinaciones y el modo en que estas se han expresado en el transcurso de los estudios, en la vida deportiva o asociativa constituirán un buen indicador para responder a esta pregunta.

¿Qué espera de su vida profesional?

• Si nuestra edad roza los treinta años, nuestras expectativas ante la vida profesional son indudablemente más amplias, pero también más imprecisas que si tenemos diez o quince años más. Teniendo esto en cuenta, nuestro interlocutor apreciará una respuesta que manifieste el deseo de ejercer unas funciones en las que nuestras aptitudes den respuesta a las necesidades de la empresa. (Cuanta más experiencia tengamos, con más precisión podremos ejemplificar estas aptitudes y las correspondientes funciones).

La idea que deberíamos comunicar es que nuestras aptitudes aplicadas al trabajo pueden resultar muy beneficiosas para la empresa, o dicho de otra manera, los éxitos que se deriven de esta estrategia los compartirán ambas partes...

• Si somos principiantes tenemos un amplio futuro ante nosotros; seguramente será más útil describir lo que esperamos en concreto de nuestro primer empleo.

• Si estamos sin empleo, debemos evitar una respuesta que haga referencia al pasado, puesto que lo que cuenta es el hoy y el mañana.

• Finalmente, en el caso de las mujeres, salvo que estemos realmente dispuestas a dedicarnos exclusivamente a una carrera profesional, evitaremos presentarnos de manera que se lleven esta impresión de nosotras.

¿Para qué funciones se siente más capacitado y ejerce más a gusto?

Si se nos plantea esta pregunta, quizás es el resultado de una candidatura espontánea o de la recomendación de un conocido, aunque también puede ser que la lectura del currículum vítae o la exposición que hayamos hecho de nuestra trayectoria indiquen diversidad en las funciones que hemos ejercido.

En todo caso, expondremos dichas funciones rápidamente, comparándolas y haciendo énfasis en las que nos gustaron más o con las que obtuvimos más logros.

Puede suceder que queramos trabajar desempeñando funciones de las que hasta el momento no nos hayamos encargado antes. Tendremos que rebuscar en nuestra experiencia los elementos en que podamos apoyarnos para justificar tal orientación: «Actualmente, me gustaría especialmente poder... Esto me permitiría encontrar una síntesis entre esta función y esta otra, en las cuales he obtenido estos resultados...».

¿Cómo prevé orientar su carrera?

Naturalmente, ni la pregunta ni la respuesta son las mismas para personas de edades bastante diferentes (por ejemplo, si no tenemos todavía treinta años o bien ya hemos pasado de cuarenta). Ocurre algo similar según se trate de una PYME o de una gran empresa.

Para responder a esta pregunta, deberíamos recordar que cada vez resulta más ilusorio pensar en establecer un plan para nuestra carrera profesional y que la precariedad del trabajo hace que cualquier previsión sea incierta.

Tampoco debemos inquietar a nuestro interlocutor, ya sea expresando una ambición excesiva o bien mostrando una total carencia de ambición.

Teniendo en cuenta estas observaciones, nuestra respuesta puede expresar el deseo de trabajar en aquella empresa y unirnos a su equipo para ejercer nuestro cometido correctamente. También podemos decir que confiamos en que nuestro futuro profesional esté estrechamente vinculado a aquella empresa, una vez hayamos superado un breve periodo de adaptación.

¿Qué desea ser dentro de cinco años? ¿Y dentro de diez?

¿Quién cree todavía en los planes profesionales? Sin embargo, cuanto más al inicio estemos de nuestra carrera profesional, con más probabilidad se nos planteará esta pregunta. La mejor respuesta es decir que nos resulta bastante difícil prever lo que seremos dentro de cinco o de diez años, ya que los caminos están llenos de obstáculos, curvas, desvíos, trampas... Por tanto, comentaremos lo que actualmente nos atrae y nos interesa, lo que nos motiva más. Si la entrevista es para ocupar un puesto de trabajo concreto, podemos especificar que este cargo constituye para nosotros una etapa importante. También podemos hablar de cómo aplicaremos nuestras capacidades y recursos para tener éxito, y comentar el hecho de que nuestra intención es hacer balance al término de esta etapa para después avanzar mejor.

Naturalmente, podemos preguntar a nuestro interlocutor, sobre todo si representa a la filial de un gran grupo, cómo prevé la empresa el futuro en estos plazos.

¿Según su impresión, qué opinión tienen de usted en su empresa?

Aunque es cierto que algunas empresas realizan una verdadera investigación acerca del entorno personal y profesional de los candidatos, no es lo más frecuente.

Aparte de esta posibilidad, se supone que nadie indagará para verificar nuestras afirmaciones. ¿Se trata entonces de decir cualquier cosa? Recordemos que nuestro pasado interesa a nuestro interlocutor sólo en aquellos aspectos que indiquen cómo puede ser nuestra relación con la empresa que nos contrate.

Si hace más de diez años que estamos en la misma empresa, seguramente hemos establecido una red de relaciones, y lo podemos mencionar indicando que nos permite ser más rápidos y eficaces.

¿Qué campo le atrae más? ¿Por qué?

Una pregunta abierta como esta exige respuestas variadas, en función de nuestra experiencia e intereses. Aunque se plantee en singular, podemos hablar de diferentes campos, jerarquizándolos si es que nos parece conveniente.

• Si somos principiantes con una formación general, podemos insistir en los campos teóricos que más nos hayan interesado (hay que tener en cuenta que, en ocasiones, la teoría dista bastante de la práctica). Si podemos, contrastaremos nuestros conocimientos teóricos con las experiencias iniciales que nos han proporcionado los periodos de prácticas.

• Si somos profesionales especializados, nos sentiremos más seguros de nuestra opción, y los campos que citemos se delimitarán mejor. Es conveniente que expliquemos el porqué de nuestra elección. Los años de experiencia nos permitirán ser más concretos y además harán que nuestra respuesta tenga más crédito y se considere más.

• Si aspiramos a que nuestra carrera se dirija hacia un campo distinto del campo en que se desarrolló nuestra experiencia, tendremos que cuidar nuestra argumentación, de modo que la trayectoria que deseamos seguir denote credibilidad.

¿Conoce nuestra empresa?

El profesional que nos hace esta pregunta no espera una respuesta afirmativa, sino que quiere sobre todo verificar que su empresa es una empresa conocida y que destaca en su campo. Evitaremos comentar, si es que ha sido así, que hemos tenido noticia de la empresa por los periódicos o revistas, consultando en el apartado de pequeños anuncios, sobre todo si nuestro contacto con la empresa ha sido por candidatura espontánea. Puede ser que nuestro interlocutor insista y que trate de verificar qué imagen tiene la empresa mediante la pregunta siguiente.

¿Qué opina de nuestra empresa?

Estamos obligados a hacer un inventario rápido de los aspectos que nos parecen positivos de la empresa a la que ha llegado nuestra candidatura. En algún caso, podemos hacer una breve observación, siempre que sea constructiva, para contribuir a mejorar la calidad de la atención telefónica, el ambiente de la sala de espera o algún otro aspecto.

¿Qué le gustaría hacer? ¿Cuáles son sus objetivos?

He aquí una pregunta que se merece que preparemos a conciencia. En ningún caso deberemos dar una respuesta improvisada.

• Si estamos trabajando, somos principiantes y nos ha convocado una agencia de colocación, describiremos de forma bastante concreta el tipo de puesto de trabajo a que aspiramos o la evolución profesional que perseguimos, siempre que sea coherente con nuestra trayectoria.

• Si hemos respondido a un anuncio, todavía es más fácil, puesto que disponemos de suficientes elementos para hacernos una idea del perfil requerido y situarnos con respecto al puesto.

• Si estamos buscando empleo, este es el momento de describir nuestro «proyecto profesional», es decir, nuestros objetivos y la estrategia que hemos elaborado para desarrollar nuestra trayectoria profesional, teniendo en cuenta nuestros gustos y aptitudes personales y profesionales.

Hay que ir con cuidado y ser muy sutiles: si sabemos algo acerca de las funciones del puesto de trabajo y el perfil requerido, tendremos que procurar que nuestras aspiraciones concuerden al máximo con este perfil. Por otra parte, si no tenemos ninguna idea previa, convendrá que expresemos nuestras aspiraciones más ampliamente, demostrando capacidad de adaptación, y que reaccionemos en un sentido u otro en el momento en que recibamos más información acerca de las funciones del puesto.

Las aficiones y las actividades extraprofesionales

¿En qué ocupa su tiempo libre?

La sinceridad es, en este caso, la estrategia más convincente e interesante. Si tenemos alguna afición que se aparte un poco de lo normal, no dudemos en mencionarla, pero sin extendernos demasiado, sino de manera concisa y clara.

Si no tenemos ninguna afición en particular, no nos avergoncemos: no es necesario tener ninguna afición para resultar una persona interesante. Si dedicamos nuestro tiempo libre a estar en familia o tranquilamente con los amigos, también está bien.

De hecho, las preguntas acerca de otros aspectos diferentes de la actividad profesional le permitirán a nuestro interlocutor conocernos mejor y, por tanto, valorar si nuestra personalidad es adecuada al entorno de trabajo de la empresa y al puesto vacante.

¿Tiene alguna actividad extraprofesional? ¿Cuál?

Como en el caso anterior, se trata de que nos conozcan mejor, pero esta pregunta, además, demuestra interés por nuestras actividades más que por nuestras aficiones.

Por ejemplo, si somos concejales del ayuntamiento de nuestra localidad o presidentes de un club deportivo o de una asociación benéfica, conviene comunicárselo a nuestro interlocutor, sobre todo porque demuestra una faceta de nuestra personalidad emprendedora y abierta al exterior y cierta capacidad de liderazgo que quizás no hayamos tenido ocasión de demostrar en el ámbito profesional.

Debemos tener cuidado, sin embargo, para que nuestro interlocutor no piense que nuestras actividades y compromisos extraprofesionales tienen prioridad sobre nuestra vida profesional.

Si somos principiantes, seguramente hemos tenido ocasión de hacer compatibles los estudios con otras actividades, incluso participando en la asociación de estudiantes del centro o siendo el delegado de curso.

¿A qué dedica sus vacaciones?

!No es necesario que expliquemos las vacaciones! Nos limitaremos a dar un ejemplo de algunas de nuestras vacaciones de los últimos años.

Seremos claros y sucintos y no nos extenderemos mucho, salvo si deseamos hacer énfasis en alguna relación entre nuestras vacaciones y el puesto de trabajo vacante.

¿Qué lee usted? ¿Cuál es el último libro que ha leído?

Pensemos para qué puede servir esta pregunta. Seguramente, lo que les interesa saber es el género de nuestras lecturas más que un libro en concreto.

Generalmente está bien haber leído recientemente algún libro de gestión empresarial recomendado por revistas especializadas, pero además hace falta saber hablar de forma inteligente y con criterio acerca de su contenido.

Así pues, es mejor no engañar a nadie y escoger un libro que conozcamos bien.

También podemos comentar que nos encantan las novelas policiacas, pero las lecturas profesionales serán, sin duda, siempre bien recibidas.

¿Practica alguna actividad artística?

Como una verdadera actividad artística es a menudo distinta de una actividad extraprofesional, si no tenemos aficiones artísticas lo indicaremos y hablaremos de las actividades extraprofesionales o incluso de actividades deportivas.

Si practicamos una actividad artística, hablaremos de ella con pasión, aunque sin extendernos demasiado y mencionando que no interfiere en nuestra actividad laboral y que no nos roba tiempo del que consagramos al trabajo.

¿Practica algún deporte?

Si respondemos afirmativamente, diremos a qué nivel lo practicamos (como aficionado, como aficionado con formación específica o como semiprofesional), sobre todo si es posible que el deporte nos ocupe gran parte del tiempo libre: por ejemplo, si somos pilotos de rally, seguramente algún fin de semana lo dedicaremos totalmente a nuestra pasión y no a los seminarios que quizás la empresa tenga intención de organizar. No se trata de mencionar todas las posibles ocasiones en que no estemos disponibles para el trabajo y en las que, si hace falta, tendremos que decidir relegar una de las dos actividades.

Este ejemplo es bastante representativo: la mayor parte de la gente practica algún deporte en su tiempo de ocio sin que suponga ningún menoscabo del tiempo de trabajo. Sin embargo, aunque no seamos pilotos, podemos tener una cita semanal para jugar al tenis o entrenar con el equipo de fútbol local: si nos resulta necesario para nuestro equilibrio personal y, por tanto, para la calidad de nuestro trabajo, es mejor comentarlo más pronto que tarde...

La personalidad

¿Podría describirse en pocas palabras?

Se trata de un ejercicio difícil que deberíamos practicar de antemano y ensayar incluso con algún compañero del entorno de trabajo (o incluso del entorno personal, si esta persona conoce nuestro campo profesional y a nosotros desde esta perspectiva). Ha de ser alguien de confianza y que nos ayude a ser más objetivos y concisos.

Tendremos que abordar tanto nuestras cualidades profesionales como personales, teniendo en cuenta que nuestro interlocutor ha aludido a lo personal.

Intentaremos no dar la impresión de tener una respuesta preparada, y repetida ante el espejo muchas veces, sino que procuraremos ser naturales en nuestras explicaciones. Tendremos presentes, sobre todo, las cualidades esenciales que nuestros compañeros nos reconocen espontáneamente, y aquellas que quizás son menos evidentes *a priori* pero que se manifiestan cuando obtenemos logros profesionales y también fracasos.

Tampoco dudaremos en añadir un defecto evidente si lo podemos convertir en un valor positivo.

Trace en pocas palabras un retrato de usted mismo

Es un ejercicio muy parecido al de la pregunta anterior. Sin embargo, podemos aprovechar el motivo del retrato para recordar que ilustrar las explicaciones con ejemplos es la mejor de las demostraciones. La mejor estrategia, pues, es pensar en algunos ejemplos y utilizarlos para la presentación de uno mismo.

¿Le gustan los números?

Está claro que esta pregunta tiene mayor o menor importancia en función de nuestra especialidad, pero sea como sea, los números están presentes en todas las actividades de alguna manera. Así pues, aunque los odiemos ¡no seamos demasiado severos con ellos!

Más bien se trata de dar a entender que, aunque no nos gusten mucho, sabemos cómo usarlos en cada contexto y a un nivel suficiente para no entorpecer la buena marcha de los proyectos profesionales que nos confían.

¿Le gustan los trabajos rutinarios?

De hecho, no existe casi ningún trabajo que no implique algún tipo de rutina: en profesiones de procedimiento, de organización, de sistema o de papeleo, en todas se establece una rutina.

Si nos gustan las tareas rutinarias y nuestra especialidad implica actividades con un alto grado de rutina, perfecto: podemos explicar por qué nos gustan estas actividades y, sobre todo, mencionar espontáneamente la calidad que aportamos a su ejecución.

En el caso contrario, también podemos mencionarlo, pero de modo más sutil, y precisando que comprendemos la necesidad de las actividades rutinarias y que las realizamos a conciencia, como todo lo que hacemos en general.

Realmente, la vida profesional no está hecha sólo de tareas apasionantes, sino que algunas tareas lo son menos que otras, pero todas son igualmente necesarias para los buenos resultados de la empresa.

Recordemos que la noción de «rutina» también depende de cómo consideremos nuestra actividad profesional: si la consideramos muy rutinaria, quizás es un indicio de una falta de motivación por nuestra parte.

¿Acaba las tareas que empieza?

¡Es una pregunta a la que no podemos responder que no! Sin embargo, hace falta demostrar con ejemplos que somos perseverantes en nuestros proyectos, tanto personales como profesionales. La perseverancia es una cualidad necesaria en todos lo casos y en todos los trabajos. Es uno de los elogios más comunes y una de las cualidades que cualquier director aprecia en sus subordinados, y, por tanto, una virtud que exigirá en el personal que contrate. Sin embargo la perseverancia puede llevar al empecinamiento si se aplica ciegamente y sin criterio. Por lo tanto, escogeremos ejemplos equilibrados y convincentes.

• Si estamos buscando empleo, la perseverancia en la búsqueda constituye un ejemplo muy bueno, sobre todo si va acompañada de un buen método.

• Si somos principiantes, no dudemos en mencionar ejemplos de nuestra vida de estudiante e, incluso, de escolar. ¡Hace falta ser perseverante para aprobar los exámenes!

Hábleme de una o dos experiencias en las que haya demostrado iniciativa

Como en el caso anterior, el ejemplo que escojamos determinará la calidad de la respuesta. Muchos puestos de trabajo no requieren unas dosis de iniciativa importantes. De hecho, los trabajos rutinarios no conviene que los hagan personas que demuestren tener mucha iniciativa y a las que les represente un gran esfuerzo conformarse con las normas establecidas. Sin embargo, la superioridad de las personas ante las máquina proviene precisamente de su capacidad de iniciativa y de decisión ante circunstancias imprevistas (que no se ajusten a unos casos sujetos a instrucciones claras o que se salgan de lo ordinario). En cualquier caso, seguramente encontraremos ejemplos que ilustren cómo nuestra iniciativa permitió a la empresa ser un poco más eficaz.

La iniciativa es además una manera de demostrar nuestra motivación en la vida profesional. Los trabajadores desmotivados hacen caso omiso de las consecuencias de posibles anomalías que detectan, siempre que no supongan ningún riesgo para ellos. Así pues, no toman ninguna iniciativa; dicen: «Esto no es de mi incumbencia» y después se adormilan otra vez.

La capacidad de iniciativa forma parte de las cualidades necesarias para subir en la jerarquía y saber gestionar las responsabilidades. Así pues, preparemos bien esta respuesta.

¿Qué objetivos concretos tiene para el futuro inmediato? ¿Y a largo plazo?

Estos dependen de nuestra situación actual, la que acabamos de describir a nuestro interlocutor. La respuesta debe ser coherente con lo que queremos demostrar acerca de nosotros, que depende de cada caso:

• Si estamos ante un cazatalentos y todavía no conocemos muy bien las funciones del puesto para el que nos han convocado (y también si estamos en una entrevista exploratoria y aún no nos han hablado de ningún puesto de trabajo concreto), le hablaremos de unos objetivos que se deriven lógicamente de nuestra experiencia o, si queremos un cambio de orientación, le explicaremos claramente los motivos que nos han decidido por esta otra opción.

• Si estamos buscando empleo, la respuesta a esta pregunta debe estar muy bien preparada y corresponderse con nuestras aptitudes profesionales y gustos personales. Las personas que hayan sido aconsejadas por un *outplacer* estarán familiarizadas con este ejercicio, dado que la primera parte del trabajo consiste precisamente en definir su «proyecto profesional».

• Si nuestro interlocutor ya nos ha indicado las funciones del puesto, nada nos impide que hagamos coincidir nuestros objetivos con los que nos proporciona este puesto, a condición una vez más de que sean coherentes con nuestra trayectoria profesional.

• Si somos principiantes, nos serviremos de nuestra formación y de los periodos de prácticas para desarrollar nuestros objetivos profesionales. A largo plazo, puede ser que tengamos una aspiración concreta, pero actualmente nadie tiene una previsión muy clara de lo que hará el día de mañana.

¿Cuáles son sus recursos para realizar estos objetivos?

Esta pregunta es más interesante para nuestro interlocutor. Hasta ahora hemos sabido demostrarle que tenemos cierta ambición y que esta es coherente con nuestra experiencia. Está muy bien que tengamos un objetivo y demostrar que somos capaces de construir una estrategia o un plan en función de este objetivo, identificando los medios necesarios para conseguirlo.

Si sabemos las funciones del puesto para el cual nos entrevistan, las citaremos como un medio para alcanzar nuestro objetivo, teniendo en cuenta, no obstante, que a nuestro interlocutor le interesa sobre todo lo que podemos aportar nosotros a la empresa a la que representa, y no tanto lo que la empresa pueda aportarnos a nosotros.

Está bien tener un proyecto profesional y hablar de él, pero es todavía mejor que nuestro proyecto profesional contribuya al éxito de la empresa con quien vamos a colaborar.

¿Está dispuesto a pasar unas pruebas?

La respuesta sólo puede ser afirmativa, después de que nos expliquen en qué consisten (véase el capítulo «Los test», en la página 139). También solicitaremos que nos comuniquen los resultados, si puede ser por escrito: nos pueden servir para otras ocasiones y, aunque no fuera así, siempre es interesante conocer nuestra respuesta ante unas circunstancias como estas. El rechazar las pruebas podría interpretarse de manera errónea, con lo que correríamos el riesgo de que pensaran que tenemos cosas que ocultar.

Puede suceder, sin embargo, que ciertos tipos de pruebas o métodos nos parezcan muy cercanos al esoterismo (como la numerología o la astrología). La ley nos da derecho a rechazar ser sometidos a este tipo de prácticas y a cuestionar su uso en un proceso de contratación. Si el puesto de trabajo nos interesa, olvidaremos nuestras reticencias y jugaremos a su juego, salvo si por motivos personales preferimos abstenernos y perder esta oportunidad.

¿Cómo reacciona ante las críticas?

Si afirmáramos que nos encantan las críticas, que incluso las buscamos, ¿quién nos creería? Sin embargo, si nos limitamos simplemente a decir que, ante una crítica, hacemos un esfuerzo para dominar nuestra primera reacción y escuchamos lo que nos reprochan para aprender de esta opinión, nuestra respuesta parecerá verídica, aún más si nos referimos a una experiencia real. Si somos principiantes, valorarán aún más la experiencia.

¿Prefiere trabajar solo o en equipo?

Son muy poco comunes los puestos de trabajo en los que es necesario trabajar siempre solos. Por otra parte, incluso si trabajamos en equipo, hay momentos en que es importante saber trabajar solos. Por tanto, explicaremos experiencias que demuestren que sabemos trabajar tanto solos como en equipo.

Si somos principiantes, tendremos más experiencia generalmente en el trabajo en solitario, aunque seguramente también hicimos trabajos en grupo durante los estudios o en el terreno deportivo o asociativo.

¿Le gustan las responsabilidades?

¡Y tanto! Afirmar lo contrario sorprendería a nuestro interlocutor. Aunque no hace falta que parezcamos sedientos de responsabilidades, ilustraremos con ejemplos concretos la evolución de nuestras responsabilidades, jerárquicamente o según la importancia de estas. Y si sabemos lo suficiente acerca del puesto de trabajo que quizá nos confíen, no nos olvidaremos de indicar en qué aspectos este puesto puede constituir para nosotros una nueva etapa satisfactoria.

Si somos principiantes, recordemos en qué momentos y en qué circunstancias (durante los estudios, periodos de prácticas, trabajos estivales o actividades deportivas o asociativas) tuvimos responsabilidades, y seleccionaremos preferentemente las que se parezcan a las que suponemos que requiere el cargo para el cual nos entrevistamos.

¿Es usted creativo?

La respuesta se ha de matizar según la función del cargo y el ámbito empresarial de que se trate. Tanto si somos banqueros como si somos publicistas, hemos de demostrar, a partir de ejemplos reales y de nuestra propia experiencia, de qué modo supimos, en unas circunstancias concretas, aportar soluciones nuevas. Si buscamos bien, encontraremos ejemplos de este tipo también en nuestra vida extraprofesional suficientemente representativos, si nos parece que la vida profesional no nos ha dado todavía oportunidades de mostrar nuestras capacidades en este sentido.

¿Qué piensa de su jefe?

¡Seguramente al lector no le habrá pasado por alto la dificultad de esta pregunta!

Nuestra respuesta será analizada de distinta forma en función de si nuestro interlocutor es una tercera persona o bien se trata de nuestro inmediato superior en un futuro. En el primer caso, le costará menos distanciarse para evaluar lo que le digamos; en el segundo, y puesto que la respuesta le afecta directamente, buscará indicios que le permitan imaginar cómo serán las relaciones entre ambos en el futuro.

Hará falta, por tanto, ser lo más positivos posible, y describir lo que nos aportó el trato con nuestro antiguo jefe (o el actual), siempre beneficioso, porque nos ha permitido evolucionar y madurar, y por tanto aumentar nuestra competencia. Evitemos idealizarlo, puesto que restaríamos credibilidad a nuestro discurso y correríamos el riesgo de pasar por unos ingenuos o unos perfectos hipócritas.

Así pues, podemos hacer comentarios matizados como: «Aprecio la autonomía de que dispongo, aunque a veces desearía verle un poco más, pero entiendo que su carga de trabajo no le deja demasiado tiempo», o bien: «Su rigor en el control me ha sido útil, aunque a veces resulta un poco cargante, pero la empresa tiene procedimientos muy rigurosos».

• Si estamos sin empleo, sean cuales sean nuestros sentimientos hacia nuestro antiguo jefe, y aunque creamos que son fundados, no debemos manifestarlos: hemos pasado página y el futuro lo escribiremos bajo el mando de otra persona.

• Si en el transcurso de los últimos años hemos tenido diversos jefes, puede ser interesante comparar los diversos estilos de gestión y trato con los miembros del equipo, departamento..., subrayando de este modo nuestra capacidad de adaptarnos a distintos tonos y personalidades.

¿Tiene aptitudes comerciales?

Seguramente esta pregunta nos la harán si el puesto vacante no tiene una dimensión comercial preponderante. Si la confianza en nuestras aptitudes comerciales es limitada, trataremos de no ponerlo de manifiesto muy abiertamente. Si nos parece adecuado el momento, le preguntaremos a nuestro interlocutor en qué sentido o en qué aspectos el puesto de trabajo a cubrir tiene una dimensión comercial. Entonces tendremos que encontrar argumentos e indicios en que apoyarnos para dejar entrever qué circunstancias son las mejores para que se manifiesten nuestras aptitudes comerciales y se optimicen.

• Si somos principiantes, nos prepararemos para responder a esta pregunta pensando en los momentos o en las circunstancias en las que tuvimos que vender, qué resultados obtuvimos y qué nos aportó esta experiencia.

• Si estamos sin empleo o tenemos pocos recursos para responder, pensemos que la búsqueda de trabajo en sí misma es una verdadera actividad comercial...

¿Cómo se integra en un equipo?

Si respondemos que, dado que poseemos un excelente espíritu de trabajo en equipo, esta situación siempre es positiva para nosotros, nuestro interlocutor pensará que estamos presumiendo.

• Si somos principiantes, lo mejor es hablar de nuestras experiencias no profesionales, que podemos ejemplificar explicando por qué nos han seleccionado para formar parte de un equipo.

• Si hace diez años que trabajamos en la misma empresa, nuestro interlocutor creerá sin dificultad que hemos sabido integrarnos. El juego consistirá, entonces, en dar a entender que somos conscientes de que una empresa nueva es un mundo distinto, una nueva tribu, y que, por tanto, tendremos que abrir bien los ojos y los oídos para aprender las reglas del juego. Por cierto, nuestro interlocutor puede empezar a hablarnos de ellas...

• Si, por el contrario, hemos trabajado en más de cuatro empresas distintas en los últimos diez años, intentaremos subrayar los puntos en común y las diferencias que hemos observado entre los distintos equipos de los que habíamos formado parte, y mencionaremos de qué modo esta variedad de estilos ha contribuido a desarrollar nuestra capacidad de adaptación, que sin duda sabremos aplicar en esta nueva empresa.

¿Qué le hace creer que puede llegar a ser un buen directivo?

¿Hay un retrato robot del «buen directivo» con el que nos podamos medir? Evidentemente no. Si observamos a las personas de nuestro entorno que tienen fama de buenos directivos, veremos lo distintas que son unas de otras y de qué modo las condiciona el contexto de una empresa concreta, que puede exigir de sus directivos unas cualidades muy específicas. De la misma manera, un cambio del contexto externo de la empresa puede ir acompañado de una renovación de los puestos directivos.

Si no nos es posible eludir la pregunta, podemos responder preguntando a nuestro interlocutor cuáles son los principales valores que busca la empresa en sus directivos. Así nos será más fácil concretar en un sentido u otro nuestros argumentos.

¿Se entendía bien con sus compañeros de escuela o facultad?

Esta pregunta nos la harán con más frecuencia si somos principiantes o si nuestra experiencia profesional tiene pocos años.

Es prácticamente imposible que verifiquen nuestra respuesta, pero sí que pueden examinar las coincidencias con otras respuestas. Además, tampoco nos interesa presentarnos de una manera totalmente distinta de como somos. Evidentemente, es mejor describir la relación con los compañeros con quienes teníamos más coincidencias y facilidad de trato: ¿quiénes son, qué actividades o proyectos realizamos juntos?

Naturalmente, quizás algunos de nuestros compañeros no tuvieran una relación tan satisfactoria con nosotros. Si también lo comentamos, evitamos dar a entender que pensamos que todo lo que no acaba de funcionar es culpa de los otros... Si reflexionamos sobre el tema, le podremos indicar a nuestro interlocutor la respuesta positiva que pensamos elaborar si nos encontramos en una situación semejante en nuestro nuevo entorno laboral.

¿Qué piensa su jefe de usted?

Desde luego no se trata de responder que lo más sencillo es preguntarle a él, porque lo interpretarían como una impertinencia. No obstante, según el tipo de relación que hayamos tenido con nuestro jefe, y si ha sido muy satisfactoria, podemos sugerírselo a nuestro interlocutor. Después de exponer nuestras impresiones acerca de la valoración que hace de nosotros alguno de nuestros superiores, podemos dar su nombre como una posible referencia.

La respuesta tiene que ser breve, y abordar siempre el lado positivo de la relación con nuestro jefe. Además nos referiremos a los logros y los resultados positivos más evidentes que son fruto de un buen entendimiento con un superior. Seremos concretos, y escogeremos ejemplos que puedan interesar a nuestro interlocutor. Para comentar los aspectos menos positivos y, claro está, los negativos, será mejor limitarse a las interrogaciones. Por ejemplo: «En lo referente a... me pregunto si...» o bien «Me parece, por otra parte, que seguramente le gustó que yo...».

Según su opinión, ¿cuál es la tarea más difícil para un jefe?

No nos engañemos: no se trata de hacer un curso sobre directivos y sus dificultades, para esto ya hay especialistas...

La pregunta, de hecho, va dirigida a nosotros: en nuestro papel de jefe, por más modesto que sea, ¿qué es lo que nos ha resultado más difícil?

Inspirémonos en la experiencia propia: la respuesta, construida a partir de circunstancias vividas, pondrá un énfasis mayor en la toma de conciencia de lo que es o fue para nosotros especialmente difícil y lo que hicimos, hacemos o queremos hacer para superar sin dificultad este obstáculo.

¿Qué aptitudes tiene para la gestión?

Al igual que la pregunta relativa a las aptitudes comerciales, esta nos la plantearán en el contexto de un puesto para el cual la gestión no ha de ser la función dominante. Sin embargo, hoy en día son poco comunes los cargos en los que la gestión no desempeña un papel importante. Cualquier acción o proyecto implican elegir y aplicar unos medios de los que tendremos que estimar el coste, incluirlo en un presupuesto, comparar los gastos reales con los teóricos... Todo ello incluido, o no, en un procedimiento de tipo presupuestario.

Para responder, nos apoyaremos en nuestra experiencia y seremos concretos. Pensemos, también, en la posibilidad de hacer nosotros una pregunta sobre el sistema de gestión de la nueva empresa.

Si somos principiantes, ante la falta de experiencias directamente vinculadas a la vida profesional, podemos recurrir a las analogías.

Intentemos recordar algún otro campo en el que hayamos podido demostrar nuestras aptitudes para la gestión, y si lo encontramos, lo mencionaremos sin dudar.

¿Cuál es su estilo de trabajo?

Con frecuencia se dice que el estilo es la persona; por tanto, aprovecharemos la ocasión para hablar de nosotros y de nuestro comportamiento en el trabajo. Para nuestro interlocutor esta es una fuente de información útil para apreciar, sobre todo, nuestras aptitudes para integrarnos en la empresa.

Así pues, trataremos de dar algún ejemplo de nuestra capacidad de adaptación describiendo nuestro estilo de trabajo en diversas empresas (si es que hemos cambiado de empresa) y hablando de diversos superiores en la jerarquía de la empresa, de los equipos o de los compañeros.

¿Cuál es su relación con los colaboradores?

Aunque es poco probable que verifiquen nuestras afirmaciones, sin duda lo que juega más a favor nuestro y de nuestro futuro laboral, si queremos unirnos a esta empresa, es ofrecer una verdad cuidadosamente medida. Hablaremos, sobre todo y en términos lo más concretos posible, de las personas con quienes colaboramos para llevar a cabo los proyectos y con quienes conseguimos algunos éxitos. Abordaremos, brevemente, las dificultades que hayamos podido tener con algún colaborador, evitando atacarlo para obviar cualquier responsabilidad... Lo mejor será hablar a nuestro interlocutor de una experiencia que nos sirvió de aprendizaje para situaciones futuras.

¿Cuál es su estilo directivo?

Sin duda, es una pregunta importante: aunque una PYME de tipo familiar suele ser bastante monolítica y girar alrededor del director, cuanto mayores son las empresas menos uniformes resultan y, por lo tanto, los diversos estilos directivos pueden ser más o menos compatibles con su cultura y sus valores. Por otra parte, si se trata de reemplazar al responsable de un cargo, su equipo, del que podemos llegar a ser el jefe, estará más o menos marcado y conformado por nuestro predecesor. Por el contrario, si es cargo es de nueva creación, gozaremos seguramente de una libertad relativa para constituir nuestro equipo.

Hemos de tener en cuenta estos elementos para poder dar una respuesta simple y cierta. Si es posible, intentaremos obtener más información acerca de la empresa y su estilo, del puesto de trabajo (¿es un cargo de nueva creación?) y del estilo del responsable actual.

¿Acepta fácilmente a las personas cuya formación o intereses difieren de los suyos?

Es cierto que una formación idéntica y unos intereses compartidos facilitan las relaciones y la comunicación interpersonal, y que ciertas escuelas o empresas llegan a crear un verdadero espíritu corporativo.

Lo más importante de la pregunta es sin duda el matiz «fácilmente»: si aparentamos un temperamento extravertido, quizás no nos planteen esta pregunta, pero en caso contrario tendremos que ser coherentes y especificar qué estrategias ponemos en práctica para mejorar las relaciones con las personas con que tratamos y colaboramos.

¿Hay algún tipo de persona que no pueda soportar?

Dependerá de nuestra experiencia y de nuestro carácter, pero por poco que reflexionemos, seguramente encontraremos un tipo de persona que no podamos soportar... No se trata de extendernos describiendo lo que no toleramos, sino más bien de admitir que hemos conocido personas con las que la comunicación ha sido difícil, pero haremos hincapié en sus cualidades, en los valores que apreciamos en este tipo de personas y en lo que dificultaba una buena relación.

¿Cuáles son sus principales cualidades y sus principales defectos?

¿Cuántas veces nos han hecho o nos harán esta pregunta? Sin duda es un clásico de las entrevistas... Muchas personas, sin embargo, se sienten incómodas cuando se la plantean, no siempre por los mismos motivos.

Ya sabemos que la perfección no existe; entonces es mejor que no digamos abiertamente ni insinuemos que no tenemos defectos porque nos considerarían unos pretenciosos.

Tampoco nos describamos con múltiples defectos, porque nadie nos contrataría.

Para preparar la respuesta sugerimos lo siguiente:

— identificar nuestras principales cualidades (de dos a cuatro);
— después, para cada una de ellas, determinar qué tipo de realizaciones las ejemplifican.

Si somos principiantes, nos remitiremos a los estudios, los periodos de prácticas, las actividades deportivas, etc.

Respecto a nuestros defectos o puntos débiles, podemos nombrar uno o dos, y también podemos hablar de un defecto o punto débil que resulta de la exageración de una cualidad. Por ejemplo, si somos muy rigurosos, podemos llegar a ser rígidos; también una gran capacidad de liderazgo puede desembocar en autoritarismo...

En todos los casos, matizaremos nuestra respuesta y tranquilizaremos a nuestro interlocutor diciéndole que, sabiendo que tenemos este defecto, procuramos neutralizarlo para que no nos cause ningún contratiempo en la vida profesional.

¿Qué piensa usted de la grafología?

Aunque quizás el lector ya lo sabe, en muchos países el análisis grafológico se usa en más de la mitad de las nuevas contrataciones, y en otros este método se utiliza aún con más frecuencia. Aunque no se trata de una ciencia exacta, según nuestra experiencia puede aportar un punto de vista útil acerca de una candidatura en concreto, ia condición, claro está, de que el grafólogo (con frecuencia, una mujer) sea un profesional cualificado!

A partir de esta puntualización y de nuestra propia experiencia, podemos formular nuestra opinión de no especialista: si ya sabemos algo de nuestro propio análisis grafológico (por otras ocasiones), comentaremos en qué aspectos nos pareció un análisis justo.

Si nuestra posición nos ha permitido tener acceso al análisis grafológico de candidatos a quienes hemos conocido, tendremos una opinión más fundamentada sobre algunos aspectos concretos de esta disciplina.

Si no hemos tenido ningún contacto con la grafología tendremos que ser prudentes, y evitar opinar sobre algo que no conocemos. Finalmente, si debemos someternos a un análisis grafológico, es legítimo también pedir que nos comuniquen los resultados. La imagen que se desprenda de nosotros puede resultar una fuente interesante de reflexión (véase el capítulo de la grafología).

¿Qué otras aptitudes cree que tiene?

Si nos hacen esta pregunta, debe de ser porque al responder las preguntas anteriores nos hemos presentado, y nuestro interlocutor se ha hecho una idea más o menos aproximada de nuestras aptitudes.

Si tenemos la sensación de haber sido demasiado modestos, describiremos otras aptitudes para que se perciban más atenuadamente que las primeras. Por el contrario, si la descripción contenía abundancia de detalles, es inútil insistir en nuevas aptitudes: la excesiva abundancia de información y de detalles puede restar credibilidad al discurso. Recordemos aquí el dicho popular: «Quien mucho abarca, poco aprieta».

¿Qué experiencias han contribuido más a la formación de su personalidad?

¡Cuidado, no estamos en el diván de la consulta del Dr. Freud! Aunque podemos mencionar algún efecto positivo que persista todavía en nuestra personalidad, no es útil rememorar la infancia, sobre todo si nuestras sienes empiezan a platear.

En nuestra respuesta, lo mejor es que nos mantengamos en los aspectos más positivos y dentro del ámbito del presente, explicando nuestro presente a partir de algunos elementos concretos del pasado: «Si hoy soy de esta manera... es principalmente debido a tal hecho, tal época en que he podido emprender tal acción, obtener tal resultado...».

¿Aceptaría tener una mujer como superior en la jerarquía?

Si nos hacen esta pregunta, probablemente el puesto para el que la empresa estudia nuestra candidatura está bajo el mando de una mujer.

• Si alguna vez nos encontramos en esta situación, y la experiencia fue positiva, lo mencionaremos.

• Si esta experiencia no fue del todo satisfactoria, nos limitaremos a indicar los aspectos positivos, evitando las generalizaciones: igual que entre los hombres, hay mujeres de muy variados tipos.

- Si para nosotros esta es una novedad que estamos dispuestos a experimentar, lo mencionaremos, subrayando que, para poder opinar, tendríamos que conocer a nuestra futura jefa.

- Si la situación nos causa alergia, sin duda se trata de un problema nuestro que es mejor comunicar para evitar hacer perder el tiempo a todo el mundo...

¿Cómo reacciona a las órdenes?

Antes que nada, hemos de pensar que si nos hacen esta pregunta, es indicativa del carácter y la manera de funcionar de la empresa. Si además concuerda con otros indicios, podemos deducir sin duda alguna que la autoridad es un valor fuerte de la cultura de la empresa. Volviendo a la pregunta: nuestro interlocutor se contentará con que nuestra respuesta indique que nos atendremos a órdenes claras y pertinentes, puesto que favorecen la eficacia, y aclaran y ayudan a todos a conocer con precisión cuáles son los objetivos a alcanzar.

¿Es usted sensible a los elogios?

Hay poca gente que sea realmente insensible a los elogios. En efecto, la persona aduladora se sirve de una necesidad que compartimos todos: la de existir y que se nos reconozca. Quien nos adula seguramente es una persona inteligente y hábil, que nos proporciona en un instante una razón más para vivir... Pero seamos realistas: es importante darnos cuenta de que nos adulan y averiguar qué persigue esta persona, con qué objetivo y que trata de conseguir de nosotros; así podremos decidir lo que vamos a hacer con conocimiento de causa.

Si tenemos presentes estas consideraciones y conocimiento de nuestras propias reacciones, podremos darle respuesta a la pregunta y, por qué no, tomar decisiones acerca de cómo queremos que sea nuestro comportamiento futuro.

¿Se confía con facilidad?

Recordemos que es tan ingenuo sospechar de todo el mundo como confiar en el primero que pasa. Si nos pasamos el tiempo alimentando sospechas, nos arriesgamos a convertir nuestra prevención en un freno permanente, mientras que si otorgamos nuestra confianza con demasiada naturalidad y sistemáticamente, aunque nos movemos y actuamos, quizá lo hagamos de un modo desordenado.

• Si somos desconfiados, explicaremos a nuestro interlocutor que tratamos de discernir, que nos comprometemos con una prudente reserva y que, una vez que hemos otorgado nuestra confianza, todo avanza más rápido.

• Por el contrario, si nuestra tendencia natural nos lleva a confiar en los demás, deberemos reconocerlo, señalando lo positivo que resulta para avanzar más rápidamente. También recurriremos a la experiencia para comentar que, como todo el mundo, puede ser que en alguna ocasión hayamos confiado sin reservas y nos hayamos desengañado, y por esto, hoy en día, sabiéndolo, somos más perspicaces en este sentido.

¿Qué busca en los colaboradores?

Prepararemos esta pregunta con cuidado, porque revela nuestra personalidad y la manera de relacionarnos con nuestro entorno, con nuestro superior directo y con nuestros subordinados. Organizaremos la respuesta en términos de personalidad (inteligencia, actividad, actitud) y de experiencia profesional (adecuada al puesto que solicitamos), jerarquizando las cualidades que buscamos en nuestros colaboradores en sentido decreciente.

Es probable, además, que no busquemos lo mismo en todos nuestros colaboradores. Por tanto, tenemos que distinguir lo que consideramos indispensable, según nuestro criterio, en todos los colaboradores y diferenciarlo de lo que aplicamos a los distintos tipos de profesionales con los que trabajamos. Si todavía no estamos en una etapa en la que podamos citar futuros profesionales con los que colaboraremos, podemos recurrir a la experiencia para escoger ejemplos que ilustren nuestro punto de vista.

¿Cuál es su principal punto débil?

Como en el caso de la pregunta sobre cualidades y defectos, estamos obligados a citar algún punto débil, puesto que lo contrario no sería creíble y, además, la respuesta es fácil de verificar hablando con nuestros antiguos jefes.

Concretamente en esta pregunta, es más eficaz hablar de aspectos técnicos o de lagunas en la formación que podemos mejorar con una formación complementaria o una práctica más actualizada, que insistir en puntos débiles de la personalidad, que siempre son difíciles de cambiar. Construiremos, pues, una respuesta donde aparezca un punto débil técnico e intentaremos transformarlo de forma positiva: «Es cierto que para todos existe algún campo en que debemos mejorar nuestra competencia; en mi caso particular, en mis puestos precedentes no he tenido la ocasión de profundizar en las técnicas de..., aunque recientemente he aprovechado mi tiempo libre para trabajar estos aspectos; por supuesto, estoy dispuesto a seguir una formación específica si resulta necesario para contribuir mejor al funcionamiento de la empresa».

Si somos principiantes, podemos hablar de los puntos débiles que teníamos en ciertas asignaturas, pero mucho mejor que no sean determinantes para el puesto vacante para el cual nos pueden contratar.

105

¿Es usted diplomático?

Según en qué sentido, el que digan de nosotros que somos diplomáticos puede ser peyorativo. Aunque, normalmente, cuando se dice de una persona que tiene dotes diplomáticas, es un comentario muy positivo, sobre todo en cargos de gran responsabilidad. Así pues, la respuesta estará en consonancia con este principio. Insistiremos en nuestras cualidades de honradez intelectual y en nuestra capacidad para hacer circular ideas nuevas, que procuran una evolución positiva para las distintas mentalidades de la empresa.

Si es nuestro caso, explicaremos alguna situación en la que supimos desenvolvernos en un cargo anterior y en que tuvimos que convivir con un jefe directo con fama de trato difícil, comentando que no fue una traba para que nuestras ideas y proyectos avanzaran normalmente.

Usted y el puesto de trabajo

¿Qué le atrajo más de nuestro anuncio?

Nuestra respuesta dependerá en gran parte del tipo de anuncio y de la información que aporta, y en particular de si el nombre de la empresa estaba indicado o no.

• Si aparecía el nombre de la empresa, nos habremos informado sobre ella antes de la entrevista; nos será mucho más fácil explicar nuestro interés por el anuncio. A continuación nos extendernos sobre lo que nos pareció entender acerca de la naturaleza del cargo.

• Si el nombre de la empresa no aparecía, nos limitaremos a explicar nuestro interés por este sector de actividad y, evidentemente, por las funciones del puesto.

• Si el anuncio era original, sea por la presentación o por el texto, no dudaremos en mencionarlo, puesto que tanto la empresa como nuestro interlocutor se esforzaron en obtener este resultado y nos agradecerán que hayamos apreciado el esfuerzo que les supuso.

¿Qué sabe de nuestra empresa? ¿Y de nuestros productos? ¿De nuestros mercados? ¿De nuestros competidores?

Sea cual sea el puesto al que aspiramos, tenemos que preparar la entrevista y tomarnos el tiempo necesario para estudiar los principales productos de esta empresa, los mercados donde interviene y, si es posible, hacernos una idea acerca de sus competidores.

Pero atención: aunque seamos un genio del marketing y no estemos de acuerdo con la estrategia de la empresa, este no es el momento más adecuado para exponer nuestros conocimientos o hacer una crítica severa de la gestión de la empresa. Se trata, sólo, de demostrar que conocemos un poco el sector y de expresar motivación y el deseo de entrar en la empresa. ¡No le hemos de reprochar nada a nuestro interlocutor y menos decirle que lo que hace es incorrecto!

Si estamos ante un director de recursos humanos, es el momento de recordar que este director hizo recientemente, por ejemplo, algunas declaraciones en una revista acerca de la política social de la empresa.

A una empresa no sólo la definen sus productos, sino también las personas. No obstante, tampoco hay que adular en exceso y dar coba a nuestro interlocutor de manera ostensible. La prudencia y la sinceridad son esenciales en estos momentos.

Si somos principiantes, nuestros conocimientos acerca de la empresa deben ser igualmente sólidos: tanto las escuelas de formación superior como las universidades disponen de documentación que nos puede ayudar. En el caso de productos de gran consumo, una visita a uno o dos puntos de venta puede ser útil.

En caso contrario, sería como decirle a alguien: «Me interesa mucho usted pero, exactamente, ¿a qué se dedica?».

¿Qué cree usted que puede aportar?

Atención, porque esta pregunta es importante: ¡hay que demostrar que podemos aportar más que los demás candidatos que compiten por el puesto! Sólo podremos responder bien a esta pregunta si hemos reunido la suficiente información acerca de las funciones del puesto. Recurriremos a nuestra experiencia anterior para demostrar que, en un cargo equivalente o comparable, trabajamos eficazmente.

Si no hay, en nuestra experiencia profesional, una situación que se corresponda con el nuevo cargo, tendremos que buscar entre los rasgos de nuestra personalidad los argumentos que demuestren que somos idóneos para este puesto de trabajo y decir, además, que nuestra incorporación hará que mejore la calidad de nuestro servicio.

Si somos principiantes, recurriremos a los periodos de prácticas, las actividades extraescolares o cualquier otra situación que tenga puntos de contacto con las características del cargo y con su contexto.

También haremos hincapié en cualidades personales, como nuestra gran capacidad de trabajo, un dinamismo natural y cierta creatividad...

¿Cuánto desea ganar?

Esta pregunta se suele plantear al final de una entrevista, generalmente después de diversas conversaciones para ocupar el cargo en cuestión. Sin embargo, es posible que nos hagan esta pregunta al principio del proceso de selección. Después de insistir en que el sueldo es sólo un aspecto de los que influyen en nuestro interés hacia el puesto de trabajo, y que nos motivan, sobre todo, las funciones del cargo, el entorno de trabajo y la empresa misma, tendremos que dar una respuesta.

• Si estamos trabajando y nos proponen un cargo más interesante, no seamos demasiado ambiciosos: en general, lo más común es un aumento de sueldo de entre el 10 y el 15 %. Recordemos, sin embargo, que resulta más fácil negociar antes de entrar en la empresa. Fijémonos ciertos objetivos y negociemos con astucia, otorgando un valor a lo que creemos que podemos aportar a la empresa y haciendo concesiones antes de que nos denieguen la oportunidad. Nuestra fuerza reside en que nuestro trabajo actual continúa resultándonos interesante y que es, por tanto, nuestro interlocutor quien debe tentarnos para que nos unamos a su empresa.

• Si estamos buscando empleo, nuestra negociación será muy distinta: nuestro objetivo debe ser razonable y estar dentro de los valores medios del mercado, teniendo en cuenta nuestras cualidades y nuestra calificación con relación al puesto. La competencia en este caso la representa, para nuestro interlocutor, las otras ofertas que tengamos (se las recordaremos prudentemente con el fin de mejorar nuestra posición en la negociación).

De todos modos, si estamos buscando trabajo no corramos el riesgo de perder una buena oportunidad por un 5 % de más o de menos al año, sería una lástima...

¿Cuáles son sus modelos profesionales?

No lo sacrifiquemos todo a la moda: es mejor no tener que elegir entre los directivos del año que aparecen en las revistas, salvo si tenemos una opinión fundamentada de ellos. Además es posible que nuestro interlocutor tenga sus propios motivos para no estar de acuerdo con nosotros. Esta pregunta nos da la oportunidad de demostrar que hemos trabajado con profesionales que nos han transmitido unos excelentes principios básicos y proporcionado una buena formación. Nos han dejado desarrollar las aptitudes personales, permitiéndonos obtener logros en nuestra carrera profesional. Por lo tanto, será preferible buscar entre nuestros propios ex jefes los modelos profesionales, sobre todo si sabemos que ellos nos aprecian.

Si somos principiantes podemos elegir entre los profesionales que hayamos conocido durante las prácticas laborales o, si no, recurrir a los directivos célebres, pero justificando claramente las cualidades que les atribuimos y que han hecho que los mencionemos como un modelo de profesionales.

Hágame el retrato del jefe ideal

Esta pregunta merece que la preparemos bien, para no olvidar los valores y las cualidades que, según nuestro criterio, hay que tener para ser un buen jefe.

Así pues, elaboraremos un esquema de los campos en que se necesita cada cualidad:

— en el campo de las técnicas profesionales: el jefe debe conocer las técnicas que emplean los subordinados, pero ¿en qué medida?; ¿tiene que ser más experto que el resto del equipo en estas técnicas?;

— aptitudes de tipo directivo: saber dar directrices claras, saber delegar, evaluar, formar, contratar a nuevo personal, etc.;

— cualidades personales, relativas a la inteligencia (conceptual o bien concreta, analítica o sintética); a la actividad (trabajo de una intensidad continuada o con periodos de menor intensidad, búsqueda de resultados a corto o largo plazo); y a la actitud (ser sociable y simpático, o bien severo y de difícil acceso, tener honradez intelectual o estratégica).

Los ejemplos que aparecen aquí no son exhaustivos, sino un marco de reflexión para preparar esta pregunta según nuestro criterio. Sobre todo ante un experto en contratación de personal, nuestra respuesta habla indirectamente de nosotros.

¿Qué tipo de jefe le gustaría tener?

Esta pregunta es del mismo tipo que la anterior y pide la misma preparación. No obstante, es más personal y nos obliga a comprometernos para definir y jerarquizar las cualidades que nos resultan más útiles y nos permiten situarnos en un contexto que optimice nuestra capacidad de trabajo. Es una ocasión de demostrar nuestra personalidad, con sus cualidades y sus defectos, en el marco del puesto vacante. Debemos ir con cuidado para no desvelar nuestros defectos o deficiencias mediante la explicación de las cualidades que esperamos de nuestro futuro jefe.

¿Cuándo estará disponible para incorporarse?

Para responder con acierto, hemos de saber lo que la ley prevé en caso de renuncia a un trabajo, en cuanto a nuestras obligaciones con la empresa que dejamos. También tendremos en cuenta cuál es la costumbre de la empresa. Algunas empresas obligan a sus asalariados a anunciar la renuncia mediante aviso previo, mientras que otras piden simplemente terminar lo más pronto posible los asuntos pendientes y hacer un traspaso de información a quien corresponda. Otras consideran que a partir del minuto mismo en que alguien presenta su renuncia, ya no es fiable; por tanto, ya no puede participar en ninguna reunión ni continuar con ningún proyecto y es preferible que se vaya lo antes posible.

Hemos de considerar la política de nuestra empresa a este respecto y tenerla en cuenta para poder dar una respuesta clara a esta pregunta.

Debemos prever un intervalo de una o dos semanas entre el momento en que dejamos nuestro anterior cargo y el momento de incorporarnos a la nueva empresa. Unas breves vacaciones es lo mejor para olvidar las preocupaciones del antiguo trabajo y asumir con claridad las responsabilidades del nuevo cargo. Es esencial llegar fresco y bien dispuesto a manejar las funciones propias del cargo que nos encomiendan lo más eficazmente posible.

Si estamos sin empleo, ¡no quiere decir forzosamente que tengamos que estar listos para empezar mañana por la mañana! Cada uno tiene sus propios proyectos y compromisos, que en muchos casos no se pueden abandonar de un día para otro. De todas maneras, intentaremos limitar el retraso a la incorporación a un mes como máximo.

Si somos principiantes, nuestra disponibilidad ha de ser total a los pocos días de realizar la entrevista: nadie entendería una necesidad repentina de irnos de vacaciones justo en aquel momento.

¿Estaría dispuesto a la movilidad?

Atención al significado de esta pregunta: podemos estar dispuestos a movernos durante la semana pero sin tener que mudarnos de vivienda, o bien a mudarnos pero, en cambio, no querer viajar de forma regular. Sólo podremos responder adecuadamente después de que precisen el sentido exacto de la pregunta.

Esto nos lleva a las preguntas siguientes.

¿Está dispuesto a viajar?

Tenemos que dar una respuesta precisa: cada profesión tiene su propia dinámica en lo que concierne a los viajes.

Por tanto, nuestra respuesta ha de estar en relación con el tipo de viaje requerido.

• Si somos comerciales, es probable que tengamos que visitar a los clientes en los lugares donde se encuentran. En general, los viajes requieren desde desplazarse durante la jornada laboral hasta ausentarse sistemáticamente durante toda la semana.

• Si trabajamos en el campo de la exportación a gran escala, las ausencias pueden durar más de una semana y, a menudo, hay ausencias que van de los quince a los treinta días casi cada mes.

• Los que trabajan en plataformas petroleras están sujetos a otro régimen: trabajan doce horas al día durante un mes y descansan el mes siguiente.

Antes de responder, tenemos que conocer el verdadero significado de la pregunta.

¿Acepta desplazarse con frecuencia?

Esta pregunta es un poco más precisa: se trata de desplazamientos frecuentes, pero ¿cuánto tiempo durará cada uno?

Estas precisiones son útiles sobre todo para los principiantes, puesto que la falta de experiencia no les permite saber lo que representan verdaderamente los desplazamientos. Es mejor, por tanto, que preguntemos de qué tipo de desplazamiento se trata.

¿Está dispuesto a ir donde le envíe la empresa?

Atención: se trata de una cuestión legal. Si el contrato de trabajo contiene la cláusula llamada «de movilidad» de forma explícita, significa que nos pueden cambiar de lugar de trabajo sin que tengamos derecho a rehusar por este motivo. Si renunciamos, estamos ante un caso de ruptura de contrato por nuestra parte. En cambio, si el contrato no contiene esta cláusula y nos piden que nos mudemos a unas instalaciones muy alejadas, el rehusar hacerlo equivaldrá a una ruptura del contrato por parte de la empresa, por tanto es equiparable a un despido por desplazamiento del lugar de trabajo.

¿Aceptaría mudarse para este puesto de trabajo?

Si el puesto es suficientemente interesante, ¿por qué no? La movilidad geográfica es un requerimiento poco común en España y en otros países como Francia, lo que nos proporciona una ventaja ante nuestros competidores.

Daremos nuestra conformidad siempre que nos expliquen las condiciones de la mudanza. En principio, podemos negociar el coste de la mudanza; además podemos negociar también una prima para arreglar nuestro nuevo domicilio.

Por otra parte, no nos mudaremos hasta que nos confirmen el nuevo puesto de trabajo. Para un directivo de alto nivel, el periodo de prueba probablemente será más largo que el periodo legal que se establece tradicionalmente.

¿Puede trabajar sin fumar?

Cada vez las empresas restringen más las áreas de fumadores y existe mayor intolerancia hacia este hábito. Por tanto, deberemos estar dispuestos a fumar solamente en los lugares reservados a fumadores en caso de que no podamos controlar esta dependencia nuestra por varias horas.

¿Soporta bien que otras personas fumen en el lugar de trabajo?

En principio, no estamos obligados a tolerar a los compañeros que fumen, pero estaremos atentos a comprobar qué normativa impone la empresa o cuáles son las costumbres con relación a los fumadores.

¿Tiene cargas familiares (o de otro tipo) que le limiten?

Si este es nuestro caso y nuestra situación supone un impedimento (por tiempo, desplazamientos...), es preciso que lo indiquemos en este momento. Si, a pesar de este condicionamiento nuestra candidatura, por calificación y experiencia, les continúa interesando, la empresa o nuestro futuro superior encontrarán algún modo de adaptar nuestras obligaciones y llegar a una situación que nos permita poder trabajar y atender estos contratiempos.

¿Por qué le gustaría trabajar en nuestra empresa?

Si el entrevistador nos hace esta pregunta, normalmente suele ser una buena señal: a menudo significa que ¡empiezan a considerarnos uno de los suyos!

Y nosotros, ¿nos vemos a nosotros mismos trabajando aquí? Si la entrevista giró en torno a un cargo bien definido, responderemos con argumentos que demuestren que confiamos en obtener logros en nuestro nuevo puesto.

Si la entrevista ha sido la consecuencia de una candidatura espontánea, indicaremos a nuestro interlocutor los motivos que han hecho que nos dirigiéramos a su empresa: seremos breves, hablaremos de los aspectos que nos interesan de la empresa e intentaremos que nuestro interlocutor hable también sobre lo que él aprecia en su empresa.

Si somos principiantes, evitaremos dar a entender que cualquier lugar es bueno para empezar; si estamos sin empleo, no debe dar la impresión de que, con los tiempos que corren, estamos dispuestos a trabajar de lo que sea...

¿Qué le hace pensar que tendrá éxito en este trabajo?

La única trampa que nos puede tender esta pregunta sería dar una respuesta que dejara entrever que incluso un niño de cinco años se desenvolvería bien en este puesto...

Resumiremos brevemente los elementos clave a nuestro entender, tanto sobre las funciones de puesto como sobre el entorno de la empresa. Insistiremos en que procuraremos demostrar nuestra aptitud en el momento en que entremos a trabajar.

También podemos recurrir a nuestra experiencia para demostrar, por analogía, nuestra capacidad para aportar soluciones.

Sin embargo, seremos prudentes, puesto que todavía no formamos parte de la empresa. Lo más importante es que nuestro interlocutor comparta la confianza en nuestras aptitudes para desempeñar con acierto el nuevo cargo.

Si somos principiantes, compensaremos la falta relativa de experiencia con nuestro entusiasmo por colaborar con la empresa y nuestro convencimiento respecto a nuestras capacidades para el nuevo cargo.

¿Qué le atrae más del puesto de trabajo? ¿Qué le atrae menos?

Lo que más nos atrae generalmente coincide con las áreas que nos resultan más fáciles de abordar y en las que nuestro trabajo se verá traducido en resultados convincentes.

Algunos ejemplos extraídos de la experiencia podrán ayudarnos a demostrar lo que más nos atrae.

Evitaremos insistir en lo que nos gusta menos, que normalmente son las áreas en las que hasta el momento no hemos sabido obtener resultados tan positivos como quisiéramos. Nos limitaremos a señalar los aspectos que no acabamos de imaginar claramente y de los cuales deseamos más información: «En lo concerniente a... preferiría saber un poco más antes de pronunciarme».

¿Qué espera de este nuevo trabajo? ¿Qué responsabilidades espera ejercer?

Seguramente tendremos nuestro propio proyecto profesional y nuestro objetivo será llevarlo a cabo de manera que satisfaga nuestras aspiraciones. ¿No creemos que a nuestro interlocutor le importe nuestro proyecto en el contexto de la entrevista de trabajo? Nos equivocamos, porque sin duda él sabe la importancia de satisfacer las propias aspiraciones para conseguir eficazmente los resultados previstos. De todas maneras, esta pregunta nos interroga también sobre nuestra aptitud para realizar correctamente las funciones del puesto.

Será preciso, por tanto, tranquilizar a nuestro interlocutor en este sentido, recurriendo a nuestra experiencia para reunir los argumentos que confirmen nuestra capacidad.

¿Cuál será su máxima aportación a este trabajo?

Si tenemos una respuesta clara, mencionaremos nuestros puntos fuertes y daremos credibilidad a nuestros argumentos recurriendo a la propia experiencia. Por ejemplo: «Me han dicho que buscaba un responsable que estuviera verdaderamente capacitado para motivar a la gente. Creo que este es uno de mis principales talentos: cuando llegué a la empresa X, el equipo estaba desmotivado, pero yo...».

No obstante, es mejor no confiar demasiado en las pruebas que aportemos, ya que nuestro interlocutor no las valorará siempre del mismo modo. Lo convenceremos más si presentamos una paleta de cualidades, ilustradas con ejemplos: «Teniendo en cuenta mi experiencia, creo que hay muchas áreas, muchos puntos que constituyen para mí verdaderos puntos fuertes...».

Así dejaremos que sea nuestro interlocutor quien identifique los aspectos que, según su parecer, son nuestras cualidades principales.

117

Si somos principiantes, la falta de experiencia no nos permitirá probar nuestras afirmaciones. Por otra parte, en cambio, tanto nuestros gustos como nuestras cualidades y entusiasmo son argumentos que, si sabemos expresar bien y relacionar con el puesto, se convertirán en puntos fuertes.

¿Cuánto tiempo piensa quedarse en esta empresa?

Si nos hacen esta pregunta, no es que esperen que demos una respuesta exacta: la precariedad del empleo y la actual incertidumbre económica hacen que este tipo de ejercicio intelectual que es la entrevista tenga a veces tintes surrealistas.

Lo que deseen averiguar con esta pregunta será distinto en función de nuestra situación y, por tanto, la respuesta también lo debe ser.

• Si somos principiantes, no dudemos en mencionar qué motivos nos han empujado a querer trabajar en esta empresa. No sorprenderá a nadie que digamos que nos es un poco difícil imaginar, sobre todo ahora, los motivos para poner término a nuestra colaboración. También podemos preguntar a nuestro interlocutor qué medidas toman en general para procurar la integración de los nuevos trabajadores en la empresa y cuáles son las trayectorias laborales más frecuentes.

• Si hace diez años o más que estamos en la misma empresa, nuestra fidelidad, si es que la podemos considerar una virtud, puede inquietar en cierto sentido a la nueva empresa y a los demás trabajadores: ¿sabremos adaptarnos a este entorno y a la tribu con la que hoy deseamos convivir? Construiremos nuestra respuesta, por tanto, teniendo en cuenta este factor.

• Si en los últimos diez años hemos trabajado para más de cuatro empresas, nuestro interlocutor se preguntará si no somos demasiado nómadas. Si esto le inquieta, nuestra respuesta debe contribuir a tranquilizarlo, pero hemos de evitar dar a entender que, si sólo dependiera de nosotros, no nos iríamos de la empresa hasta que nos tocara jubilarnos (a no ser que estemos ya en la cincuentena).

¿Qué le gustaría llegar a ser en nuestra empresa?

Para llegar a ser algo en algún sitio, es preciso estar allí. Para empezar, podemos hacer esta precisión. Insistiremos en los motivos que nos empujan a unirnos a la empresa y en lo que creemos que podemos aportar. Por otra parte, trabajar en una PYME o estar en la filial de un gran grupo no nos ofrecen las mismas perspectivas con respecto a nuestra trayectoria profesional o a nuestra movilidad.

• Si somos principiantes, nuestra prioridad será adaptarnos a la realidad de la empresa, y pasar de la teoría a la práctica (que ya habremos empezado a experimentar durante los periodos de prácticas, si nos han sido útiles). Y así lo diremos.

• Si estamos sin empleo, no debemos dar la impresión de buscar desesperadamente un trabajo sin que nos importe en qué, dónde o cómo, ¡aunque sea cierto en buena medida!

En su opinión, ¿cuándo será plenamente operativo?

En otras palabras, ¿cuándo cree que dominará sus funciones y obtendrá los primeros resultados? No queramos dar a entender que con nuestra varita mágica todo irá muy deprisa. En general, no nos van a creer y, si nos creen, más adelante se llevarán una decepción.
Por tanto, según el contexto resulta mucho más prudente:

119

— referirnos a una o varias experiencias anteriores;
— comentar que, una vez en la empresa y al cabo de unos pocos días (un periodo inferior, por tanto, a la duración del periodo legal de prueba) nos propondremos un plan de trabajo;
— si se trata de un puesto que ya existe, podemos preguntar acerca de la duración del periodo de adaptación de nuestros predecesores;
— para un nuevo puesto, intentaremos averiguar qué duración considera correcta la empresa para el periodo de adaptación al cargo.

¿Cómo se imagina este puesto de trabajo?

Para tener una imagen ajustada y completa del puesto de trabajo, nuestro interlocutor o bien los distintos interlocutores que hemos tratado nos han de haber proporcionado una información suficiente. En este caso, haremos una buena síntesis de la información recibida, aprovechando para indicar lo que podemos aportar, considerando nuestra experiencia y ajustándonos a las características del cargo y de le empresa.

Si todavía no acabamos de tener claras las funciones del puesto y los objetivos de la empresa, podemos hacer una pregunta del tipo: «Antes de decir cómo me imagino este trabajo, me gustaría hacer unas cuantas preguntas...».

Así, tendremos más de un punto de apoyo para argumentar nuestra explicación.

¿Qué le interesa de este puesto de trabajo?

Mencionaremos, antes que nada, lo que nos permita dar lo mejor de nosotros mismos y obtener logros. Procuraremos basar nuestra respuesta en lo puede ser nuestra contribución principal a la empresa, antes de hablar de lo que en nuestra opinión el cargo y la tipología de la empresa nos ofrece (mayores responsabilidades, la posibilidad de pasar de un puesto operativo a un puesto funcional o viceversa, el poder viajar o cambiar de lugar de trabajo...).

También puntualizaremos que uno de los intereses del cargo es el hecho de que nos permite unirnos a esta empresa. Ahora bien, sólo mencionaremos nuestro interés en la empresa si podemos decir algo más...

¿Conoce usted a alguien en esta empresa? ¿Y en nuestro grupo?

Si es así, no es necesario ocultarlo, sobre todo si conocemos bien a esta persona y sabemos cuál es su situación y su papel dentro de la empresa. Ahora bien, seremos discretos acerca de lo que esta persona haya podido confiarnos con relación a los «secretos» de la empresa.

Por el contrario, no haremos creer que son amigos nuestros personas con las cuales nos hemos visto apenas unas cuantas veces: no sabemos qué pueden decir de nosotros ni cómo reaccionarían si les dijeran que los conocemos...

¿Quiere hacerme alguna otra pregunta?

No es muy frecuente que nos lo pregunten, pero en ocasiones los expertos en contratación de personal nos lo dicen para continuar la conversación. No es que desee que nos empeñemos en demostrarle que se ha olvidado de hacernos la pregunta acertada.

Si no hay más preguntas además de esta, podemos considerar que el entrevistador ya ha obtenido la información que buscaba. Podemos aprovechar la ocasión para confirmar nuestro interés por el puesto de trabajo (sobre todo si ya sabemos de qué se trata) y agradecer la entrevista, e incluso recordarle sintéticamente lo que podemos aportar a la empresa.

No conoce nuestro sector...

Ya nos hemos presentado y explicado nuestra experiencia previa y lo que creemos que podemos aportar a la empresa. A nuestro interlocutor le interesa nuestra candidatura, pero resulta que no sabemos acerca del sector... En este caso, deberemos tranquilizarlo, y para ello disponemos de indicios suficientes en función de nuestros estudios, las competencias adquiridas y nuestra personalidad.

El tema será en principio más convincente si podemos referirnos a una situación anterior idéntica en la que la experiencia adquirida, asociada a nuestra capacidad de análisis y de síntesis, permitió que contribuyéramos a una tarea que, en principio, para nosotros era nueva.

Otra buena forma de argumentar este tema es estableciendo un paralelismo entre las características de esta profesión que no conocemos (es decir, que no hemos practicado) y las características de los trabajos anteriores en los que ya adquirimos experiencia.

También podemos basarnos en la capacidad de adaptación e integración de que podemos hacer gala, tanto en las actividades profesionales como las extraprofesionales.

¿Puede darnos referencias?

Las referencias de que hablamos son personas, antiguos superiores o colaboradores (que no subordinados) con quienes nuestro interlocutor desearía hablar para verificar lo que le hemos dicho sobre nuestra experiencia y personalidad. En principio, esta verificación sólo se realiza si estamos de acuerdo con ella y, por supuesto, nunca en la empresa en la que estamos aún trabajando. Es posible, sin embargo, que algunos profesionales desconfiados interroguen a nuestros antiguos superiores sin consultarnos antes. ¡Este es uno de los motivos de ser siempre fieles a la verdad!

Volviendo a la pregunta: le proporcionaremos referencias que nos garanticen comentarios positivos de nuestra capacidad profesional. Si nuestro antiguo jefe no sentía mucha simpatía por nosotros, no daremos su nombre o diremos que tuvimos algunos conflictos. Existe el riesgo de enredarnos en explicaciones aventuradas, aunque tengamos razón y seamos del todo inocentes.

Procuraremos que nuestras referencias tengan mucha credibilidad: no citaremos a ningún familiar nuestro o amigo íntimo (no sería serio). Además, podemos poner a aquella persona en una situación delicada, puesto que un buen profesional en contratación de personal puede descubrir nuestros puntos débiles, y si las personas que actúan de referencia dicen lo contrario o atenúan nuestros defectos, se arriesgan a dar una mala impresión de sí mismos.

Cuanto más elevado sea el cargo de la persona que actúe de referencia, tanto más creíble será su opinión, aunque esto no servirá de mucho si el nivel de su cargo está demasiado alejado del nuestro.

• Si estamos buscando trabajo, tendremos que preparar cuidadosamente esta lista de referencias, ya que forman parte de empresas en las que no hemos permanecido, por diversos motivos, y si nuestros futuros superiores desconfían, querrán verificarlas.

• Si somos principiantes, podremos dar referencias del contexto de nuestros estudios o bien procedentes de las empresas donde efectuamos las prácticas.

¿Cuánto espera ganar dentro de cinco años? ¿Y dentro de diez años?

Seamos claros, ¡esta pregunta es estúpida! No se lo demostremos de manera tan contundente a nuestro interlocutor, ya que podría ofenderse, pero podemos responderle diciendo que, si tenemos en cuenta las condiciones actuales de la economía, no podemos hacer una previsión real.

En consecuencia, lo que esperamos ganar es la remuneración acorde a las responsabilidades que asumiremos en ese momento. Sería parecido a la típica fórmula que aparece en los anuncios de ofertas de empleo y que dice algo parecido a lo siguiente: «Salario a convenir en función de la cualificación y la experiencia del candidato».

¿Por qué cree que le hemos de contratar a usted y no a otra persona?

Este es el momento de demostrar que en una situación de competencia somos capaces de encontrar argumentos convincentes. Nuestro objetivo no es hablar de nuestro interés por el puesto de trabajo, sino convencer a nuestro interlocutor de lo que podemos aportar a la empresa.

Elegiremos con cuidado los argumentos de nuestra formación, experiencia profesional y personalidad que mejor contribuyan al éxito de nuestros cometidos y a mejorar la marcha de la empresa.

Mientras dure este ejercicio, hemos de pensar en que, igual que en un concurso, nuestra actuación no debe ser simplemente buena, sino mucho mejor que la de los demás.

Cómo responder a las objeciones

Las objeciones

Evidentemente, las entrevistas serían mucho más agradables y resultarían menos embarazosas y tensas si no se presentara ninguna objeción...

Sin embargo, debemos aceptar la realidad tal como es: aunque percibamos una objeción en su aspecto más negativo, es decir, un reflejo de defensa de nuestro interlocutor para resistirse a nuestra influencia y manifestar su oposición, debemos pensar sobre todo en sus aspectos positivos:

— para nuestro interlocutor, es una oportunidad de tener una información más detallada, de asegurarse antes de comprometerse;
— para nosotros es una prueba del interés de nuestro interlocutor hacia nosotros y nos permite descubrir lo que no le satisface. La objeciones nos permiten conocer las reacciones de nuestro entrevistador y, además, nos dan la posibilidad de subrayar nuestros puntos fuertes.

¿Qué hacer ante una objeción?

¡Atención, la oposición llama a la oposición!...

Evitaremos contrariar, discutir o negar, y adoptaremos una actitud comprensiva.

¿Cómo?

• Acogiendo la objeción con una frase amable que atenúe su fuerza y nos dé tiempo a reaccionar.

• Escuchando con interés, dejando hablar a nuestro interlocutor sin interrumpirlo.

• Tratando sus objeciones con respeto, para poder manejar su susceptibilidad.

• Siendo tan breves como podamos para retomar rápidamente nuestras explicaciones, sin detenernos demasiado en la objeción, que podríamos agrandar con una respuesta demasiado larga.

Técnicas de respuesta

La atenuación

Hacer hablar a nuestro interlocutor para descubrir el motivo de su opinión.

ÉL: No acabo de verle en este puesto de trabajo.
NOSOTROS: Me gustaría que me explicara por qué.

La interpretación

Retomar la objeción, otorgando un sentido favorable a nuestra respuesta.

ÉL: No acabo de verle en este puesto de trabajo.
NOSOTROS: Supongo que quiere decir que le gustaría tener más detalles acerca de lo que puedo aportar a la empresa, y tiene razón...

La pantalla de humo

Tratar de diferir nuestra respuesta para continuar con nuestras explicaciones y responder más tarde con más tranquilidad.

ÉL: Su remuneración es sin duda elevada...

NOSOTROS: Si no le sabe mal, le responderé dentro de un momento; antes me gustaría precisar algunos aspectos sobre lo que puedo aportar a su empresa.

La distracción

Responder con una pregunta, remitiendo a nuestro interlocutor a decisiones que ya se habían tomado.

ÉL: Tenemos una política de promoción interna.

NOSOTROS: Permítame plantearle una pregunta: ¿qué harán si no encuentran el mejor candidato dentro de la empresa?

El apoyo

Apoyarnos en la objeción de nuestro interlocutor para convertirla en un argumento a favor nuestro.

ÉL: No tiene experiencia en nuestra profesión.

NOSOTROS: Precisamente porque tengo a la vez una buena capacidad de adaptación y una experiencia dilatada, puedo aportar un nuevo punto de vista...

Preguntar acerca de la objeción

Encontrar la pregunta subyacente a la objeción y responderla.

ÉL: No tiene experiencia nuestra profesión.

NOSOTROS: Seguramente se pregunta si sabré integrarme en su empresa. Cuando trabajé en la empresa X, yo...

Intentaremos anticipar las objeciones que pueda hacernos nuestro interlocutor, pensando el tipo de respuesta que podemos dar: así tendremos más recursos. Y si en nuestras primeras entrevistas las objeciones nos cogen de sorpresa o nos da la sensación de haber respondido sin la suficiente convicción, después de la entrevista procuraremos recordar la objeción y pensar en una respuesta oportuna.

Nuestras preguntas

El transformar la entrevista en diálogo, en un descubrimiento mutuo, implica plantear preguntas. Antes de cada entrevista, pues, trataremos de identificar las preguntas que nos gustaría que nos respondieran, en función de lo que ya sabemos y de los elementos que nos parecen más importantes. La respuesta a algunas preguntas la encontraremos si buscamos información antes de la entrevista, mientras que otras se desvelarán de manera natural en el transcurso de la entrevista. Quedarán algunos aspectos para los cuales la solución reside en preguntarlos a nuestro interlocutor. Debemos formularlas discretamente y con tacto, en el momento adecuado.

La siguiente lista es una ayuda para la reflexión, en ningún caso una lista de comprobación...

- ¿Cuáles son las características del puesto de trabajo?

- ¿Qué grado de autoridad tendrá el titular del puesto?

- ¿Es posible modificar la definición de la función del puesto?

- ¿Desde cuándo existe este puesto?

- ¿Desde cuándo ha de cubrirse?

- ¿Quién fue el último titular del puesto? ¿Por qué se le reemplaza?

129

- ¿Cuánto tiempo estuvo el último titular en este puesto?

- ¿Obtuvo resultados positivos el último titular del puesto? ¿Por qué?

- ¿Cuántos predecesores ha habido en este puesto de trabajo? Si son muchos, ¿por qué?

- Si el puesto es de nueva creación, ¿por qué se crea?

- ¿Para quién trabajaré?

- ¿Quiénes serán mis superiores jerárquicos? ¿Y mis colaboradores? (Funciones, evolución profesional, edad...).

- ¿Qué consejos podría darme para trabajar con ellos de forma eficaz?

- ¿Cuáles son los objetivos de la empresa? (En general, para el puesto de trabajo o para el servicio de la empresa al que se corresponde).

- ¿Existe un presupuesto ya establecido? ¿De qué cantidad hablamos?

- ¿Hay una o más personas en la empresa que creen que obtendrán el puesto o lo desean? ¿Cómo reaccionarán?

- ¿Qué lugar ocupa el puesto que la empresa quiere ocupar dentro del organigrama?

- ¿Qué hace la empresa para facilitar la integración de los empleados?

- ¿Qué debería hacer por mi parte?

- ¿Cuál es la política de formación y desarrollo del personal?

- ¿Cuánto tiempo hace que existe la empresa?

- ¿Cómo se distribuye el capital de la empresa?

- ¿Cuánto tiempo hace que existe la actual dirección?

- ¿Cuál es la evolución de la facturación y de los resultados de los cinco últimos años?

- ¿Podría tener un ejemplar del último informe anual?

- ¿Cuál es la trayectoria de la empresa en Bolsa?

- ¿Qué dicen los analistas financieros de la empresa?

- ¿Qué grupos son las empresas de la competencia? ¿Cómo se sitúa esta con respecto a ellos?

- ¿Cuál es la evolución del sector de actividad del que forma parte la empresa?

- ¿Qué tipo de alojamiento se ha previsto en este caso?

- ¿Dónde puedo obtener información para instalarme?

- ¿La empresa se hará cargo de la mudanza?

- ¿Dónde me alojaré mientras espero la llegada de mi familia? ¿En qué condiciones?

- ¿Qué tipo de complementos hay al salario base? (Primas, salario variable, porcentaje de beneficios, opciones sobre acciones, retribuciones en especie...).

- ¿Cómo contemplan la jubilación? ¿Hay algún sistema de capitalización? ¿Una mutualidad?

- ¿Cuál es la política de la empresa con respecto a las bajas laborales?

- ¿Existe algún sistema de evaluación de resultados? ¿Qué periodicidad tiene?

- ¿Cuál es la política salarial de la empresa? ¿Y en materia de promoción?

La grafología

«Lo misterioso de la escritura es que habla.»
PAUL CLAUDEL

Aunque se utiliza frecuentemente en muchos países, la grafología también es cuestionada con bastante regularidad.

Sin duda, como en el caso de muchas disciplinas relacionadas con las ciencias humanas, su valor se corresponde con el valor del grafólogo.

El análisis grafológico, rápido, sutil y de un coste moderado, tiene la ventaja de eliminar los factores subjetivos que surgen en la relación directa entre el especialista en contratación y el candidato, y aporta una visión complementaria a la información que se haya reunido en el análisis del currículum vítae o en las entrevistas.

La relevancia de este tipo de análisis será mayor cuanto más definido esté el puesto de trabajo y más precisos sean los criterios de selección. Entonces permitirá una elección más precisa entre los candidatos susceptibles de adaptarse al puesto y al contexto empresarial, para que su aportación sea la mayor posible.

La grafología en la selección de personal

El análisis de nuestra escritura es un complemento muy útil de otras técnicas de selección como el test o la entrevista. Puede ser uno de los elementos orientativos en la elección de uno u otro candidato a un puesto de trabajo, en la reorganización de un departamento e incluso en las promociones o en los traslados, puesto que además de informarnos sobre la capacidad intelectual y laboral de una persona, sirve para detectar conflictos emocionales y de relación que pueden interferir en su rendimiento.

En algunos casos, incluso nos puede orientar sobre la honestidad de un trabajador o de un posible candidato, sobre sus dificultades de adaptación o sobre los conflictos que pueda generar ante un sistema de normas determinado.

De todas formas, aunque el grafólogo pueda colaborar con un profesional en la selección de personal, este no debe estar presente en las entrevistas ni tiene por qué saber de aquel candidato más que algunos datos útiles a su análisis como la edad, el sexo o el currículum.

Otro requisito que cumple sin duda el análisis grafológico es la imparcialidad.

En ningún caso esta técnica podría apoyar género alguno de discriminación ni ser un argumento de exclusión, puesto que la muestra escrita de una persona no desvela su pertenencia a un grupo étnico determinado, aunque sí que es cierto que en algunos casos la caligrafía pueda remitirnos a una nacionalidad o una franja de edad concreta.

El análisis grafológico orientará a la empresa acerca del funcionamiento intelectual del candidato, su manera de relacionarse, sus motivaciones y su potencial, siempre con referencia al puesto de trabajo.

Si en el curso de nuestra búsqueda de trabajo, nos piden una carta manuscrita para hacer un análisis grafológico, la escribiremos sin copiar un texto ya existente, con nuestro estilo habitual y en una hoja de papel blanca, sin pautar. Usaremos un bolígrafo con el que nos sintamos cómodos escribiendo

Si somos zurdos o hay algún factor que pueda alterar nuestra escritura, se lo señalaremos al grafólogo.

¿Es fiable la grafología?

Algunas personas podrían dudar de la pertinencia del análisis grafológico en los procesos de selección de personal, sobre todo en una época tan tecnificada como la nuestra. Formulando la duda en otras palabras: ¿hasta qué punto son válidas las conclusiones de un análisis grafológico? Muchos estudiosos del tema se han planteado esta pregunta, en un intento de responder con garantías ante un caso práctico.

Si bien la grafología no es una ciencia exacta, se compone de un conjunto de leyes que, bien interpretadas, nos sirven probablemente en el estudio de diversos aspectos de la personalidad de un individuo.

Está claro que la validez de este instrumento de medida, como la de todos los demás, depende de la preparación y la rigurosidad del especialista que lo usa, que según la opinión de muchos ha de tener una gran dosis de perspicacia e imaginación. Un experto grafólogo no sólo ha de haber pasado por una escuela especializada, sino que además ha de contar con una práctica prolongada en el análisis de la grafía.

Actualmente se considera que la escritura es un reflejo de los rasgos de carácter permanentes en los individuos y que, además, recoge los matices que se derivan de la respuesta que cada persona da de la influencia de su entorno y, por tanto, de la circunstancia que le toca vivir en cada momento.

En qué consiste el estudio de la grafología

La grafología estudia los gestos y las expresiones que se reflejan en la caligrafía, y nos revela la manera de ser de una persona. En un escrito puede haber líneas sinuosas que acaricien u otras más enérgicas o agresivas que pinchen; hay escrituras inquietas, de gran vivacidad e ímpetu y otras pausadas y minuciosas, de trazos alargados y espaciados.

Mientras que el contenido de un escrito está conscientemente controlado y sometido a revisiones, los rasgos de la escritura contienen la espontaneidad de nuestras reacciones y transparentan nuestras motivaciones más hondas. De manera parecida, la comunicación verbal puede esconder nuestros sentimientos sin demasiada dificultad y, en cambio, nuestros gestos y expresiones nos ponen mucho más al descubierto. Si hay contradicciones entre lo verbal y lo gestual, pondremos en cuestión la sinceridad del discurso y la clave nos la dará casi siempre el gesto.

Las personas podemos cuidar nuestra apariencia y llenar nuestro discurso de lugares comunes; también podemos falsificar nuestras convicciones o contradecirlas abiertamente, pero nuestra escritura, en cambio, es mucho más difícil de enmascarar. Aunque intentemos escribir cuidadosamente y alinear los márgenes, y por mucho que queramos dominar el trazo, siempre habrá en nuestra escritura gestos que nos delaten.

La grafía es un retrato del individuo: muestra su evolución, sus mecanismos de defensa, su intelecto, la forma de relacionarse, la valoración de sí mismo, la manera de adaptarse al medio, su energía y su emotividad, el grado de madurez que ha adquirido, qué es lo que le motiva y qué es lo que está viviendo en aquel momento.

También nos indica si aquel individuo es tímido o extravertido, si tiende a afirmarse o prefiere pasar inadvertido, si suele esconder sus sentimientos o se muestra tal como es, si es taciturno o audaz y activo...

Cómo procede el grafólogo

Ante cualquier escrito, el grafólogo obtiene una primera impresión de los aspectos más superficiales como el grado de armonía, la regularidad del trazo, su vivacidad o, por el contrario, su monotonía... Así pues, en la primera impresión general, el grafólogo intentará captar el ritmo de la escritura. De ningún modo se fijará en el contenido del escrito, sino que atenderá exclusivamente a sus gestos y sus formas. Este primer grado de análisis se puede comparar a la primera impresión que nos deja el encuentro fugaz con una persona. Pero el grafólogo ha de profundizar mucho más y no dejar que esta primera impresión condicione sus consideraciones posteriores. En los pasos siguientes, la labor del experto consistirá en ir descifrando las huellas dejadas por el gesto e ir interpretando los rasgos inconexos o aparentemente contradictorios, y todos aquellos detalles significativos que conducen a integrar las pistas y a trazar el dibujo coherente y compacto de la personalidad del escribiente.

Algunos rasgos esenciales que denota la escritura

La positividad y la negatividad

Ante todo, hay que pensar que el trabajo del grafólogo ha de estar libre de prejuicios y simplificaciones. Si bien un texto escrito con letra bien proporcionada y agradable a la vista puede causar una impresión más agradable que otro más irregular, también puede indicar una personalidad algo artificiosa, mientras que el segundo puede corresponder a una persona de gran viveza y originalidad de carácter.

De la misma manera, lo que se denomina positividad y negatividad de un escrito han de matizarse y valorarse justamente, como todas las demás características que se pongan de relieve con el análisis grafológico.

Si bien un texto positivo (de escritura proporcionada, clara y ligada) indica que aquella persona se adapta bien a su entorno y, en cambio, uno negativo (de letra desligada, confusa y poco proporcionada) indica dificultades de adaptación, hemos de considerar estos valores como criterios orientativos, siempre relativos (puesto que no se manifiestan al cien por cien sino en grados diversos) y que se deben contrastar con muchos otros y matizar.

La energía vital

Lo mismo sucede con la energía vital. Si a priori parece que lo más indicado sea siempre que los individuos posean una gran energía vital (una escritura grande y de trazo fuerte), también puede ser que aquella persona, precisamente por esta característica suya, tienda a dispersarla y, por tanto, no sepa aplicarla correctamente ni en su vida personal ni en su trabajo. Al contrario, una persona aparentemente más reposada (generalmente con letra pequeña y ligera), pude ser que trabaje mejor porque sepa aplicar bien una energía más moderada.

Otros elementos que analizar

Algunos de los elementos más estándares que suele contemplar el análisis de la grafía son: el orden, la forma, el tamaño, la dirección y la inclinación, la presión y la velocidad. También se trabaja con valores como la introversión y la extroversión, la capacidad de reacción o el simbolismo de los espacios en blanco.

Conclusión

El grafoanálisis puede considerarse el estudio de la expresión y de la mímica de una persona más allá de su discurso. Alguien puede afirmar «estoy contento» y, en cambio, desmentir este mensaje mediante un gesto crispado o una expresión tensa de la cara. La grafología intenta proporcionar un diagnóstico unitario, coherente y matizado de una persona a partir de la huella de su escritura, que permita orientar, conjuntamente con otro tipo de pruebas, a los responsables de una selección de personal sobre la idoneidad o no de aquella persona para desempeñar las funciones de un puesto de trabajo concreto.

Los test

Los test, aunque controvertidos y discutidos, hoy en día se utilizan en muchos gabinetes y agencias de colocación y selección de personal, además de en el departamento de personal de algunas grandes empresas.

Existen numerosas baterías de test, por lo que resulta imposible —e inútil— tratar de aprenderse las respuestas de memoria. No obstante, sí que podemos prepararnos para superar este tipo de pruebas con un mayor conocimiento de lo que podemos esperar de este instrumento de medición, puesto que se trata precisamente de esto, de un instrumento, y como tal, el resultado depende tanto de la calidad del instrumento (algunos test deberían revisarse y volver a cuantificarse en función de la evolución cultural) como del técnico que evalúa, que debe estar suficientemente cualificado para asegurar una correcta interpretación.

Según numerosos especialistas, los test, igual que los análisis grafológicos, complementan el currículum vítae de los candidatos y, sobre todo, las entrevistas, y son un instrumento útil para tomar la decisión final.

Los objetivos de la selección de personal

Sobre todo en nuestra cultura y a partir del momento en que se difunde la especialización del trabajo, debemos entender la selección de personal como una manera de encontrar la persona más apta, por carácter y formación, para trabajar en un puesto de trabajo concreto y en el entorno de un ambiente de trabajo determinado.

Por tanto, no se trata de vivir los procesos de selección con angustia y con una gran carga negativa, como si se trataran de un enfrentamiento para vencer a nuestros contrincantes. Para nosotros como aspirantes han de ser también un sistema de situarnos correctamente en nuestro lugar de trabajo: el más adecuado, que nos permitirá un buen rendimiento y una vivencia satisfactoria de nosotros mismos como personas capacitadas y bien dotadas para resolver las tareas que se nos encomiendan.

Si bien la especialización de hoy en día nos complica la vida en cierta medida, también nos proporciona la posibilidad de escoger, en la medida de lo posible, una ocupación que se corresponda con nuestras capacidades y habilidades, que nos satisfaga y en la que podamos dar lo mejor de nosotros mismos.

Bien entendidos, los procesos de selección, en que muy a menudo se combinan los test y las entrevistas, nos aportan nuevos puntos de vista para esclarecer mejor nuestras capacidades y ayudarnos a decidir sobre nuestro futuro profesional.

En consonancia, en la dinámica empresarial y desde el punto de vista de los seleccionadores (e incluso en procesos de promoción interna), hoy en día, se intenta canalizar lo mejor posible las capacidades de los empleados. Se trata de colocar a las personas idóneas en el puesto adecuado, no sólo desde la perspectiva de la capacitación técnica sino considerando también la satisfacción personal del candidato.

A menudo, muchos de los aspirantes a un puesto se preguntan: ¿por qué hay que someterse a tantas pruebas?, ¿qué sentido tienen los test?, ¿son fiables?, ¿encuentran con seguridad a la persona más adecuada? Ciertamente, se comprenden las reticencias de algunos candidatos ante los procesos de selección, pero se ha de procurar superar este malentendido y abordar la lógica de la selección desde otra óptica más positiva (ya que nos dan la oportunidad de reflexionar tanto sobre nuestras capacidades como sobre nuestras expectativas).

Y es que tan importante o más que nuestra capacitación, lo es la consideración de otros factores humanos: ¿en qué tipo de ambiente nos sentimos más cómodos?, ¿a qué somos más o menos vulnerables?, ¿en qué queremos trabajar?, ¿a qué aspiramos? Vale la pena, pues, pararse a valorar estos aspectos, porque nosotros como personas nos lo merecemos.

Algunos factores a tener en cuenta

Son muy frecuentes las situaciones de trabajo que producen ansiedad, insatisfacción y un elevado grado de estrés.

Algunas de estas situaciones se podrían evitar con un proceso de selección adecuado, que nos ayude a valorar todos los factores que influyen en nuestra satisfacción personal, que es, sin duda, la clave de nuestro rendimiento así como de nuestra realización personal.

Y es que, a menudo, el objetivo de encontrar trabajo nos hace olvidar, o minusvalorar, una serie de condiciones que son fundamentales en el desarrollo de nuestra vida laboral.

Algunos factores de la satisfacción personal en el ámbito laboral pueden ser: nuestro grado de interés y motivación, la relación con nuestros superiores y las personas de nuestro equipo, el grado de exigencia (a veces desmesurada, a veces demasiado escasa), qué implican exactamente las funciones del puesto, el reconocimiento de nuestro trabajo, la retribución a la que aspiramos, la dedicación que requiere, etc.

Además, todos estos factores nos afectan a cada uno de manera diferente y si bien sólo los llegamos a valorar con exactitud en el ejercicio de nuestro cargo, hemos de intentar, por todos los medios posibles, preverlos.

Así pues, antes de emprender la búsqueda de trabajo, debemos intentar delimitar bien nuestros objetivos y escoger, en la medida de lo posible, un cargo que pensemos que pueda cumplir con nuestras expectativas.

Qué hacer antes de entrar en un proceso de selección

Ante la necesidad de encontrar un empleo o el deseo de cambiar de trabajo, y antes de decidirnos a entrar en un proceso de selección (con lo que conlleva en cuanto a tiempo dedicado, etc.), lo mejor que podemos hacer es informarnos:

— en primer lugar, nos informaremos de las características de la empresa: a qué se dedica, qué tipo de producto es el suyo, qué dimensiones tiene el grupo, qué tipo de jerarquía, cuántos empleados tiene, etc.;

— en segundo lugar, las del puesto: cómo se define el puesto vacante, si están bien delimitadas sus funciones, cuáles son, qué capacitaciones exige, qué tipo de persona requiere...;

— en tercer lugar, se han de tener en cuenta cuestiones como la retribución, el horario, la dedicación, el grado de responsabilidad que exige, la movilidad que requiere... y algunas más en función de cada caso concreto.

En algunos procesos de selección, toda esta información o gran parte la tenemos ya de antemano; en otros se va desvelando a medida que vamos pasando de un nivel a otro. Pero en ningún caso hay que temer a preguntar sobre estos aspectos, puesto que siempre causa buena impresión el interés de los candidatos por conocer las normas de la empresa a la que desea incorporarse.

Normas básicas para la realización de test

Aunque pueda parecer obvio, vale la pena considerar unas normas o consejos básicos ante un test de selección:

• *El descanso:* hay que presentarse ante los test tan relajados y descansados como sea posible. Uno de los mejores consejos es dormir bien antes de las pruebas y llegar con tiempo, evitando los nervios de desplazarnos con el tiempo justo.

• *La atención a las instrucciones:* ante la tentación de empezar a responder sin perder un segundo, hay que tranquilizarse y cerciorarse de haber entendido bien las instrucciones, puesto que una equivocación de este tipo puede ser fundamental. Tanto si las preguntas son escritas como si son orales, no dudaremos en pedir una aclaración por pequeña que sea la duda que tengamos al respecto.

• *El límite de tiempo:* no hay que preocuparse porque nos parezca insuficiente el tiempo marcado para cada prueba. Es un requisito de los test el limitar bastante el tiempo de las respuestas; de otra manera, no se podrían medir algunos de los parámetros a valorar.

• *La concentración y el sentido práctico:* al iniciar las pruebas, debemos concentrarnos al máximo y despreocuparnos de lo que hacen los demás. Por otra parte, si no estamos seguros de una respuesta, no nos detendremos y pasaremos sin dilación a la pregunta siguiente: siempre podemos retomar después esa pregunta; y dejarla sin respuesta no es en absoluto un criterio de penalización.

El porqué de los test

A menudo, las personas que buscan un empleo se preguntan por qué han de someterse a este tipo de pruebas: las consideran una exigencia ingrata, las viven con desconfianza, e incluso las ven como una intrusión no demasiado legítima en su privacidad.

Muchos de los aspirantes no acaban de creer en la fiabilidad de los test. Piensan que difícilmente se justifica la elección de un candidato entre varios por haber respondido de una manera u otra a estímulos que a menudo les parecen ambiguos y que no acaban de relacionar con capacidades o respuestas concretas. Pero debemos vencer esta prevención. Los test, bien actualizados y evaluados por expertos, proporcionan indicios fiables de habilidades, capacitaciones, respuestas y reacciones ante estímulos concretos. Si bien es cierto que todo test tiene un margen de error, actualmente se recurre a la realización de baterías de test que, aunque resulte más cansado, garantiza un grado de fiabilidad mucho mayor.

Por este motivo, las reglas de cada prueba han de ser explícitas y fácilmente comprensibles y los tiempos se han de medir y respetar con exactitud.

¿Para qué sirven los test?

Podemos decir que un buen test, además de exigir objetividad, cumple una serie de funciones: una función valorativa, una función de diagnóstico y una función predictiva.

• Los test son *objetivos* porque en la preparación de la pruebas y la interpretación de los resultados no influye en absoluto la opinión de ninguno de los examinadores. Además, los parámetros de medición responden a correspondencias empíricas entre la puntuación obtenida y determinadas capacidades o comportamientos.

• Son *valorativos* porque miden eficazmente nuestro rendimiento individual en circunstancias muy precisas. Valoran con exactitud nuestras habilidades o nuestra capacitación en aspectos muy concretos.

• Algunos tipos de test y cuestionarios tienen también una función de *diagnóstico*, porque procuran la descripción psicológica del individuo.

• Finalmente cumplen una función *predictiva*, porque permiten prever cómo se comporta una persona en situaciones reales, diferentes claro está de las del examen.

Hay que considerar, además, que los test son instrumentos delicados y difíciles de elaborar, que procuran resultados contrastados y fiables, a condición de que su elaboración sea el resultado de un estudio minucioso de todos los factores y su evaluación vaya a cargo de especialistas bien cualificados y rigurosos.

En este caso, podemos estar seguros de que nos encontramos ante un proceso serio de selección, aunque se nos puedan escapar algunos de los criterios que se apliquen. Por este motivo, aún en el caso de no ser seleccionados, no debemos experimentar un sentimiento de frustración, sino pensar que algunas de nuestras características personales no eran las más adecuadas para aquel puesto y, por tanto, que aquel trabajo no habría cumplido satisfactoriamente nuestras expectativas.

Tipos de test

En la actualidad, los procesos de selección se realizan por medio de lo que se denomina «baterías aptitudinales múltiples», que evalúan las habilidades de una persona en una gran variedad de aspectos. Gracias a estas baterías de test se puede dar una calificación fiable de capacidades como la habilidad numérica, la capacidad espacial, la velocidad de percepción, la comprensión y la fluidez verbal, el razonamiento lógico, etc.

Vamos a ver una de las clasificaciones actuales de los test atendiendo a su contenido y a los aspectos de la personalidad o habilidades que pretendan medir. También hay que saber que, a menudo, se combinan diversos tipos de test para obtener un dibujo más preciso de cada uno de los aspirantes. Hay cuatro grandes grupos de test: los de nivel, los de aptitud, los proyectivos y los cuestionarios de personalidad.

Los test de nivel

Son los llamados test de inteligencia e indican, con un valor único, el coeficiente intelectual de una persona. En este tipo de test, se nos presentan una serie de pruebas que miden nuestras principales funciones intelectuales. Muchas veces, se aplican combinados con otros test que miden las capacidades específicas (las que requiere un puesto de trabajo concreto).

Los test de aptitud

Estos test son los más comunes en la selección para un cargo concreto, puesto que miden las capacidades específicas de cada individuo con relación al perfil ideal para aquel puesto, y sus posibilidades para desempeñar un cargo con éxito.

Miden valores como la rapidez de reacción, la destreza manual, la coordinación de movimientos, la velocidad de percepción...

Para elaborar correctamente un test de aptitud se debe recoger información acerca de la empresa y del puesto vacante por medio de encuentros con personal implicado: empleados o personas que tengan cargos medios o altos y que conozcan bien las características de la empresa y las funciones del cargo que se desea cubrir. Los datos recogidos de esta manera son importantísimos para conocer el contexto y las reglas internas de aquel puesto vacante y, por tanto, para elaborar las pruebas específicas.

Por ejemplo, una secretaria de un despacho profesional ha de tener, entre otras cualidades, facilidad de trato, capacidad de organización y autonomía, mientras que la persona que atienda las reclamaciones de los clientes en un departamento de ventas ha de tener, sobre todo, la eficacia y la energía suficientes para dominar el trato con estos clientes.

Normalmente, los test de aptitud miden o bien la capacidad intelectual (numérica, verbal, lógica, etc.) o bien las aptitudes operativa y práctica (velocidad, precisión, destreza manual, etc.).

Una de las aptitudes que con más frecuencia se mide con estos test es la capacidad espacial. También se miden el razonamiento mecánico, las aptitudes burocráticas (habilidad numérica, riqueza del vocabulario, rapidez de percepción...) y otras.

Los test proyectivos

Los test proyectivos se basan en el principio siguiente: ante un estímulo verbal o gráfico ambiguo y sin un significado preciso, las personas reaccionan atribuyéndole un sentido: lo rescatan del ámbito de lo indeterminado, lo definen y lo colocan en la realidad de su entorno inmediato.

Hay diversas modalidades de test proyectivos: el test reactivo de Rorschach, el de percepción temática y las técnicas proyectivas verbales.

• El *test de Rorschach* consiste en presentar a la persona varias tablas sobre las que se ha estampado una mancha de tinta de diversas formas, con una simetría lateral, en algunas de las cuales hay toques de color, para que esta diga lo que le sugieren las manchas, sin que haya un límite de tiempo preciso. El experto en este tipo de test, que ha de interpretar el conjunto de las percepciones, irá anotando los comentarios de la persona que se somete a esta prueba, para ofrecer una interpretación global de su personalidad.

• El *test de percepción temática* consiste en presentar una serie de veinte escenas (escogidas entre una treintena, en función de la edad y el sexo de aquella persona), con el fin de que esta elabore una historia que contextualice tal escena (qué ha ocurrido, qué ocurrirá y que sentimientos experimenta cada personaje). El test se basa en el principio de que las personas tendemos a proyectar nuestras emociones, motivaciones y expectativas sobre el personaje principal de una historia. De esta manera el experto que interpreta nuestra respuesta puede sacar conclusiones, no tanto sobre nuestra personalidad en conjunto, como en el test de Rorschach, sino sobre nuestros conflictos, nuestras reacciones y nuestras necesidades fundamentales.

• Una de las *técnicas proyectivas verbales* más conocidas es la asociación de palabras; otra consiste en completar frases incompletas y ambas sirven para valorar ciertos aspectos concretos de la personalidad.

Todas estas técnicas proyectivas se basan en el principio de que las respuestas que los individuos damos ante estímulos ambiguos reflejan aspectos significativos de nuestra personalidad.

Los cuestionarios de personalidad

El objetivo de estos cuestionarios es indagar en aspectos como las motivaciones inconscientes, los intereses, sentimientos, afectos e ideales que condicionan el comportamiento humano. De hecho, sustituyen la observación directa de las reacciones del individuo en determinadas circunstancias.

Estos test consisten en un número indeterminado de preguntas simples a las que se suelen ofrecer una gama de respuestas pautadas. Lo mejor en estos casos es responder con cierta agilidad y sin demasiadas preocupaciones, puesto que aquí no existen las respuestas acertadas o erróneas.

La fiabilidad de los test

Exceptuando los llamados concursos oposición, con un temario concreto, los test que se usan en la selección de personal no son como un examen convencional: no pretenden valorar el progreso de nuestros conocimientos a través de un proceso de aprendizaje, sino que miden las habilidades del individuo o valoran aspectos significativos de su carácter, que son rasgos constantes en las personas.

Uno de los indicadores más claros de la fiabilidad de los test es que sus resultados se mantienen constantes, es decir, que el hecho de someterse a un test en diferentes momentos, aunque sean distantes en el tiempo, no debe variar los resultados.

Otra de las consideraciones que vale la pena tener presente ante estas pruebas es que la práctica no mejora de manera significativa nuestros resultados. En cambio, quererse entrenar en este tipo de ejercicios con demasiado tesón puede resultar contraproducente, puesto que el cansancio, el aburrimiento, una impresión equivocada de la facilidad o la dificultad de la prueba o una pérdida de confianza en nosotros sí que podrían empeorar nuestros resultados.

Si bien es comprensible la curiosidad por conocer estas pruebas e incluso un cierto temor ante el desconcierto, el mejor consejo para enfrentarse a los test es una actitud lo más relajada y confiada posible.

Algunos consejos

Cualquier persona tiene derecho, en tanto ser humano libre de tomar decisiones, a rehusar pasar test psicológicos. Sin embargo, debemos ser plenamente conscientes del riesgo que asumimos: el especialista en contratación de personal puede eliminar nuestra candidatura por este motivo.

Hay que tener en cuenta que el hecho de que no nos propongan para un cargo no significa necesariamente que no estemos suficientemente cualificados: puede significar, al contrario, que estamos demasiado cualificados.

En realidad, no existe una escala absoluta; simplemente la empresa se decidirá por aquel candidato que considere más apto para el puesto.

Por otra parte, con los test es prácticamente imposible engañar a nadie y, además, ¿qué interés podemos tener en ocultarnos y hacernos pasar por otro? Más tarde o más temprano esta estrategia se volvería contra nosotros como un *boomerang...*

La mejor preparación para los test psicológicos es pasar una buena noche, de modo que al día siguiente estemos relajados y alerta para poder dar lo mejor de nosotros mismos.

Recordemos, por último, que tenemos derecho a obtener información a cambio de habernos sometido a estas pruebas; podemos pedir una síntesis del conjunto de las observaciones que se derivan de los test.

Los mensajes corporales

Ya hemos visto que en las entrevistas de trabajo nuestros interlocutores, además de informarnos, nos interrogan sobre múltiples aspectos de nuestra formación, experiencia o personalidad. Pero además, nos observan; y si son expertos y perspicaces, probablemente deducirán una serie de informaciones adicionales de nuestra presencia corporal: del gesto, la postura, la expresividad e incluso del tono de nuestra voz.

Así pues, además de responder de la forma que creamos más conveniente a cada una de sus preguntas, debemos cuidar atentamente nuestra presencia física: el movimiento, la expresión de la cara, las inflexiones del discurso... Y es que a menudo, el ser humano está tan concentrado en sus palabras que olvida que su cuerpo habla su propio lenguaje.

¿Qué revela nuestro cuerpo?

Nuestro cuerpo es el depositario de toda nuestra andadura y vivencias, y revela en su estructura y sus movimientos las estrategias defensivas y los sistemas de adaptación que hemos ido escogiendo a lo largo de nuestras vidas.

El cuerpo contiene mucha información de la persona que alberga y de su estructura mental: nuestras posturas y movimientos, el tono de nuestra piel o las tensiones del rostro dicen tanto o más de nosotros que nuestro discurso. Una persona con la espalda erguida, la cabeza alta, la mirada atenta y el paso firme nos sugieren positividad y esperanza; por el contrario, una persona cabizbaja, de hombros curvados, torso cargado y mirada fugitiva comunica pesadez y quizás frustración.

Además, nuestras posturas y movimientos no sólo reflejan estados pasajeros sino que tienden a fijarse cada vez más con el paso del tiempo de manera que, además de denotar una tendencia, acaban condicionando nuestro comportamiento y nuestra manera de estar en el mundo en un sentido o en otro. Se trata por tanto de una línea de doble dirección.

Si bien nuestras palabras pueden engañar al interlocutor o a nuestra audiencia y falsificar los hechos, es mucho más difícil fingir con el gesto. Al hablar podemos decir esto o aquello, sin que el otro pueda hacer objeción alguna o verificar el grado de verdad que se esconde en nuestro discurso, mientras que es difícil que el cuerpo engañe a un observador atento.

Una mirada nos basta muchas veces para evaluarnos y sopesarnos los unos a los otros.

Por la presencia corporal medimos la fuerza o la debilidad de una persona, su vitalidad o la falta de ella, sabemos si sus movimientos denotan convicción y seguridad o, por el contrario, vacilación y falta de confianza. Incluso su presencia nos permite intuir sus actitudes de fondo hacia la vida, el grado de honestidad y transparencia, la energía o no de su genio...

Aunque la impresión que nos produce una persona es la suma de un enorme conjunto de factores difíciles de valorar aisladamente (los argumentos, el tono y las inflexiones de la voz, la apariencia, la ropa que lleva...), está claro que su presencia física desempeña un papel fundamental, sobre todo si la vemos por primera vez y además en una situación que nos predispone a valorarla.

En definitiva: podemos modular nuestro discurso y controlarlo, pero ¿podemos controlar nuestro cuerpo? Sólo parcialmente, y unas partes mejor que otras. De hecho es quizás con el rostro con lo que podemos simular mejor porque estamos muy acostumbrados a reconocer sus expresiones en el espejo y somos muy conscientes de ellas. En cambio controlamos menos las posturas generales del cuerpo porque no somos del todo conscientes de nuestro grado de tensión o relajamiento. Por último, los pies y las piernas son especialmente significativos y procuran fugas de información bastante a menudo.

Algunos gestos significativos

La experimentación ha permitido a los estudiosos de este tema hacer una relación de movimientos que denotan, por ejemplo, la falta de sinceridad en las respuestas.

Una persona que intenta engañar suele moderar los movimientos de las manos y además se toca con más frecuencia el rostro con las manos (especialmente la boca y la nariz). El control de los movimientos de las manos se entiende bien si pensamos que estas, que normalmente usamos para enfatizar nuestro discurso, nos podrían delatar. Por esto solemos ponerlas en los bolsillos o sujetarlas entre sí. Respecto a tocarnos el rostro, también nos lo podemos explicar como una manera de ocultarnos o un intento inconsciente de desviar la atención hacia otro lugar tapándonos la boca.

Además, cambiar frecuentemente de postura también puede ser indicativo de falta de sinceridad, y signo de inquietud y de un cierto malestar. Incluso la expresión del rostro, de la que solemos ser más conscientes, puede revelar un fingimiento, puesto que la cara registra inmediatamente nuestros cambios interiores. Cuando se produce en nosotros la reacción a una observación o un pequeño cambio de humor, enseguida se alteran los músculos faciales y, aunque haya rápidamente una contraorden de inexpresividad, generalmente esta primera reacción no pasa desapercibida a las personas que están acostumbradas a fijarse en estos detalles.

Ahora bien, si decimos que gestos como tocarse la nariz u otros parecidos significan que mentimos, estamos simplificando las cosas. En cambio, sí que podríamos apuntar a que una persona que cambia muy a menudo de postura, intenta mantener las manos quietas, se toca la cara o se arregla mucho el pelo pueden indicar una falta de correspondencia entre lo que exterioriza y lo que piensa.

A menudo, cuando no existe una buena armonía entre lo que pensamos y lo que expresamos, nuestro comportamiento empieza a transmitir señales contradictorias que advierten a nuestro interlocutor de que algo no cuadra.

El perfil del cuerpo

El gesto del cuerpo de una persona que está de pie también es muy revelador. Se han establecido una serie de clasificaciones del perfil del cuerpo: se habla de la posición carente, la postura oprimida, la posición rígida y la de ensanchamiento de la parte superior.

• La *posición carente* se caracteriza por la inclinación de la cabeza hacia delante, los hombros redondeados y el pecho hundido. El gesto del cuerpo parece indicar una necesidad de apoyo y en general revela una falta de agresividad y una cierta incapacidad para autoafirmarse.

• En la *postura oprimida* parece que el cuerpo soporte una carga pesada y se sostenga en una posición forzada. La parte superior del cuerpo está curvada hacia delante y transmite una cierta sensación de derrota; la cabeza entre los hombros se nos aparece también como en un gesto de defensa.

• En la *posición rígida* el cuerpo parece tensado hacia atrás, y el cuello y los hombros se notan bastante rígidos, mientras que el pecho tiende a estar hinchado. La rigidez muestra un cierto resentimiento contenido y la tensión del pecho indica orgullo y presunción.

154

• La postura de *ensanchamiento de la parte superior* se caracteriza por un cuerpo ensanchado sobre la cintura y una fuerte tensión en la cabeza, el cuello, la pelvis y las piernas. Este tipo corporal suele indicar un carácter que tiende a querer dominar con su autoridad o con sus dotes de seducción. Aunque aparentemente se trata de una persona que se afirma con facilidad, en el fondo existe un cierto temor a ser utilizado.

La forma de sentarnos

Una de las posturas más comunes durante una entrevista de trabajo es la de estar sentado. Atendamos al gesto de esta postura, puesto que también dice mucho de nosotros mismos.

Si nos sentamos en el extremo de la silla y adelantamos el cuerpo en exceso daremos una impresión de malestar o de cierta inseguridad.

Si nos colocamos hacia la mitad de nuestro asiento con la espalda recta y la cabeza alzada y firme aparecemos a los ojos de los demás en una actitud alerta y de espera.

Si por el contrario reclinamos el torso excesivamente hacia atrás en una actitud de aparente comodidad, pensarán de nosotros que somos presuntuosos e indolentes, sobre todo si mantenemos la barbilla alzada.

También puede ser significativo sentarse en el brazo de un sillón: en algunos casos indica una cierta necesidad de parecer brillante y a la vez una falta de seguridad y confianza.

La postura posiblemente más recomendable en una entrevista es la que consiste en apoyar el torso en toda su extensión en el respaldo del asiento y colocar las piernas en paralelo y los pies apoyados en el suelo (con la totalidad de la planta en contacto con el suelo); asimismo, la cabeza estará erguida y los brazos pueden estar recostados sobre los brazos del asiento. Esta postura relajada y atenta a la vez se asocia fácilmente con una persona que no tiene necesidad de ocultar nada.

Algunos ejemplos

Un hombre con las piernas separadas da una sensación de dominio; si este mismo gesto lo hace una mujer (aunque de manera menos evidente) revela un cierto desafío y una complacencia en un sentimiento de igualdad o de emancipación.

Una persona sentada con las piernas juntas, las manos en el regazo y los hombros arqueados hacia delante, con la expresión tensa y la barbilla hacia el pecho indica que está a la defensiva y que experimenta un sentimiento de vulnerabilidad.

Alguien que se siente con los brazos y las piernas cruzados y orientados en dirección contraria a la del tronco indica una tendencia a la huida e incluso una sensación de malestar, aunque su rostro se mantenga relajado.

Conclusión

Si estamos atentos a los indicios de nuestros gestos y a los de los demás, sabremos, por ejemplo, si nuestro discurso interesa o no a nuestros interlocutores, si hace falta que nos detengamos en algún argumento o que rectifiquemos o maticemos algún comentario, puesto que percibiremos el agrado o no de una observación o una actitud en el gesto del otro. Tan importante es, pues, prestar atención a los elementos de la comunicación no verbal del otro como ser prudentes y atender a lo que decimos y hacemos y a nuestra manera de estar y de mostrarnos.

Conclusión

Recordemos el pensamiento de Paul Valéry: «Lo sencillo es falso, lo complicado es inutilizable».

Si la lectura de este libro nos ha motivado a coger papel y lápiz, o a sentarnos ante la pantalla del ordenador para escribir la respuesta a cada una de las preguntas formuladas (o, al menos, a las que son más aplicables a nuestro caso), significa que hemos recibido el mensaje inicial: «Cada uno es único». En efecto, no hay ningún manual que dé respuestas que se adapten perfectamente a la experiencia o la personalidad de cada uno. ¿Es aconsejable, por tanto, escribir y después aprendernos de memoria las respuestas? Indudablemente no, puesto que nos arriesgaríamos a parecer rígidos y poco naturales, y también a que nuestras respuestas sean irrelevantes para nuestro interlocutor: él también es una persona única y, al igual que nosotros, quiere que lo traten como tal. Es preciso pues buscar un término medio:

— preparando cuidadosamente las respuestas, a partir de una estructura más parecida a una red o a un plan que a un texto ya construido;
— aprovechando nuestra capacidad natural para adaptar las respuestas a nuestro interlocutor y a su entorno.

Transmitiremos mejor nuestro mensaje si da la impresión de ser la expresión de nuestras más profundas convicciones, más que la repetición de un texto que se aprendió de manera forzada

157

de memoria. En una palabra, procuremos practicar la «espontaneidad controlada».

Igualmente, si estamos buscando trabajo activamente y las entrevistas se multiplican, trataremos de que no nos abata el aburrimiento de tener que repetir cada vez la misma historia, recordando que, aunque este proceso se haya convertido en una rutina para nosotros, nuestro interlocutor nos oye por primera vez, y apreciará que estemos motivados, tanto por el contenido de nuestras respuestas como por el tono en que las formulamos.

En conclusión, si esta obra nos ha ayudado a conocer mejor la estructura de las entrevistas de trabajo, a comprender las motivaciones de los entrevistadores y a conocernos mejor, estaremos preparados para sacar el máximo provecho de esta lista de comprobación:

— preparar la entrevista buscando las informaciones adecuadas;
— cuidar la presentación;
— llegar puntualmente a la cita, o incluso un poco antes;
— cuidar la calidad de la comunicación;
— responder de manera precisa, concisa y concreta;
— añadir un toque de convicción y de entusiasmo;
— pensar también en plantear algunas preguntas relevantes;
— terminar la entrevista, si es posible, habiendo concretado cuál será la etapa siguiente;
— hacer acto seguido un resumen de la entrevista para ir mejor preparados a la siguiente...

¡Nuestros mejores deseos!